JN018064

村八分

礫川全次

河出書房新社

はじめに

なぜいま「村八分」なのか。なぜ本書は、「村八分」（ムラハチブ）という問題を採りあげようとしているのか。

それは、「村八分」が、二十一世紀の今日でも起こりうる問題だからである。

二〇二一年五月、大分地裁中津支部で、「村八分」をめぐる裁判の判決があった。原告のAさんは、定年後、自分の故郷である宇佐市内の集落に帰ったところ、集落の住民から不当な「村八分」を受け、裁判に訴えた。志賀勝裁判長は、Aさんの訴えを認め、歴代の自治区長三人に一一〇万円の損害賠償を命じた（事例う）。

また、「村八分」が、ムラ（村落共同体）以外の空間でも起こりうる問題だからである。「村八分」というのは、決して「過去」の問題ではない。

二〇〇七年、当時、オリンパス株式会社の従業員だった浜田正晴さんは、上司が取引き先の会社の社員を引き抜きこうとしているのを知った。これは、会社の信用失墜につながると考えた浜田さんは、社内のコンプライアンス室に通報した。すると、このことが、当の上司などに洩れた。その後、浜田さんは、経験のないセクションに異動させられる、社内の人間関係から孤立させられる、密室で叱責されるなどの報復を受けた（事例お）。

これに類した事象は、あらゆる職場で起こりうることであり、各種の組織、団体、サークルなどでも起こりうる。「村八分」というのは、決してムラ（村落共同体）だけの問題ではない。

さらに、「村八分」というのが、たいへん根の深い問題だからである。これは、日本の風土、日本人のメンタリティ、日本における近代化の過程、日本の権力構造などと関わる重要な問題である。この「村八分」というのは、私たちにとって緊要な研究課題である、と筆者は考えている。

このあと本書は、この根の深い問題について、目次の順序にしたがって考察してゆく。その際、読みやすい記述、理解しやすい論述を心がけるのはもちろんだが、そのほかにも、本書の方針として、次の三点を提示しておきたい。

第一に、可能な限り、先行研究の成果を取り入れてゆきたい。「村八分」についての報告、研究、資料等は多い。「村八分」に関わる分野の学問的研究も進んできている印象がある。そうした先行研究の成果を踏まえながら、考察・執筆してゆきたい。なお、執筆にあたって参照した文献は、巻末に示しておいた。

第二に、具体的な事例、特徴的な事例を紹介し、それらについて分析・検討しながら、執筆を進めてゆきたい。事例というものは、細かいところまで踏みこんでゆくと、意外な真実を指し示してくれるものである。もちろんこれは、「村八分」というテーマに限ったことではないが。

第三に、都会的ないし合理的な立場から、ムラ（村落共同体）の非合理性や閉鎖性を批判するという立場を、本書はとらない。ムラに、ムラ特有の非合理性や閉鎖性があるとすれば、都会にもまた、都会特有の非合理性や閉鎖性があるに違いない、と思うからである。そして、かつてのムラ（村落共同体）が、主体性を持った「自治共同体」だったことを、忘れてはならないと思うからである。

村八分◉目次

装幀――山元伸子
カバー写真©ＰＩＸＴＡ

村八分

第一章 「村八分」とは何か

1 「村八分」と「はちぶ」

村八分とは何か。なぜ、村八分というのか。まず、この問題から入ってゆく。「むらはちぶ」は、一般に「村八分」と書かれる。しかし、民俗学者の竹内利美《としみ》は「村ハチブ」という表記を用いた（後述）。法制史学者の荒井貢次郎は「ムラハチブ」という表記を用いた（後述）。作家のきだ みのるは、「部落《むら》八分」という表記を用いたことがある〔きだ1956：p15〕。『広辞苑 第七版』（電子辞書、二〇一八）で「むらはちぶ」を引くと、【村八分】という漢字表記があり、次のような説明がある。

①江戸時代以降、村民に規約違反などがあった時、全村が申合せにより、その家との交際や取引などを断つ私的制裁。②転じて、一般に仲間はずれにすることにもいう。↓八分（はち

ぶ）③

いきなりで申し訳ないが、このうち①の説明には、再考の余地があると考える。そう考える理由については、本書の最後、**第八章**の第7節で述べることになるだろう。

さて、『広辞苑』による説明の最後に「→八分（はちぶ）③」とあった。さらに「はちぶ【八分】」を引くと、③のところに、こうある。

③（ハツム（撥撫）の転か。多く「―する」の形で用いる）嫌ってのけものにすること。仲間からはずすこと。風来六部集「残口がむだがきを―せんとするにはあらず」→村八分

断定は避けているが、同辞典の編纂者は、「むらはちぶ」は、「はちぶ」に由来し、「はちぶ」は「ハツム」が転じたものであるという解釈を採っているようである。

この解釈が正しければ、「はちぶ」に対する「八分」という表記は、単なる当て字ということになる。

2　「八分されても二分残る」

「むらはちぶ」の「はちぶ」をなぜ、「八分」と書くのか。あるいは、「はちぶ」を「八分」と書

くことに根拠はあるのか。

民俗学者の中山太郎は、その著書『日本若者史』の中で、次のように述べた〔中山1930：p220〕。

> ……私の生まれた地方の事例を言うと、昔は世間の交際を、冠婚葬の三つを重《おも》なるものとして、建築、火事、病気、水害、旅行、出産、追善の十となし、普通なれば是だけの交際をしたのであるが、村八分となるとこの十のうちから葬礼と火事の二つだけは交際するが、他の八つは交際せぬので、かく名づけたのだと言い伝え、現に里謡の一節に『八分されてもまだ二分残る』云々とある。勿論、これとても『はちぶ』の八分と国音の相通から附会されたことかもしれぬが、こうした事実は私が覚えてまでも行われていたことだけは間違いない。

十の交際のうち、葬礼と火事を除く八分の交際を断つ、だから「村八分」だという。中山の生まれた地方で、「葬礼と火事を除く八分の交際を断つ」風習があったことは否定しない。しかし、この説明は、「もっともらしい俗説」と見たほうがよいだろう。

ただ、こうした説が普及した理由は理解できる。「八分されてもまだ二分残る」の一節を含む里謡が知られていたからであり（伊那の民謡だという）、中山太郎がその著書で「私の生まれた地方の事例」を紹介し、これが諸書に引用されてきたからである。ちなみに、中山の郷里は、栃木県梁田《やなだ》郡梁田《やなだ》村《むら》であった。

本書では、このあとも、「村八分」という表記を用いるが、あくまでも便宜的に用いているのであって、「八分の交際を断つ」云々の説を認めているわけではない。

村八分は、ムラ（村落共同体）がおこなう制裁の代表として、よく知られている。しかし、あくまでもそれは、ムラによる様々な制裁の一態様にすぎない。

3 「追放」と「絶交」

竹内利美は一九三八年（昭和一三）に、「村の制裁」を九つの形態に分類した〔竹内1938：p603〕。重い順に、⑴追放、⑵絶交、⑶財物没収─過料、⑷禁足及謹慎、⑸体罰と暴行、⑹見懲《みごら》しと賦役賦課、⑺諷示的制裁、⑻陳謝、⑼面罵と蔭口、である。このうち、⑵の絶交が「村八分」に相当する。すなわち竹内は、「村八分」（絶交）を追放に次ぐ重い処分と捉えたのである。

これを受けて、法制史学者の荒井貢次郎は、一九五九年（昭和三四）に、次のように書いた〔荒井1959：p183〕。

ムラハチブ（村八分）は、近世村法《そんぽう》の制裁の一態様である。しかも近世村落では一般に見られた現象で、追放に次ぐ重い制裁である。付加制裁は家屋財産の没収刑を伴う場合もある。追放を行わずハチブを最高制裁とした村もあったが、追放をハチブといった村もある。

荒井のこの説明によれば、「追放」と「ムラハチブ」との間には、決定的な違いはない。ちなみに竹内は、近年の著書では、「追放」と「村ハチブ（除名絶交）」を、それぞれ次のように定義している〔竹内1990：p26〕。

追　放　違反者を村外に追放してムラの共同生活から除去する最も厳しい制裁

村ハチブ（除名絶交）　村交際のいっさいを拒否し共同生活の仲間から除外する最も一般的な村制裁

両者の間に決定的な違いは見られない。なお、ここで竹内は、村ハチブでは「村交際のいっさい」が断たれるとしている。「八分」、「二分」といった説は採っていない。だからこそ、「村ハチブ」という表記を用いたのであろう。

「追放」や「村八分」には、さまざまな異称がある。竹内は、「追放」の異称として、追ッパライ・ボイダシ・ムラバライを挙げ、「村ハチブ」の異称として、ムラハジキ・ムラバネ・ムラバナシ・ムラガサ・ヤカンメシ・組ハズシ・シメギ・ノケモンを挙げている〔竹内1990：p27〕。両者の異称は、たがいに似かよっている。これは、「追放」と「村ハチブ」というふたつの制裁の間に、決定的な違いがなかったことを反映しているように思う。

竹内は挙げていないが、かつては、「マチハブキ」という言葉もあった。一九二〇年（大正九）の大審院判例に、三重県で起きた「町省キ」事件を扱ったものがある。また、一九二八年

（昭和三）の大審院判例には、「村八分町省ニ該当スル害悪」などの文言が含まれている（事例は）。

4　村八分は村八分を抑止する

作家のきだ みのるは、戦中から戦後にかけて、東京都南多摩郡恩方村《おんがたむら》にある戸数十四の集落に居を定めていた。きだは、そこで得た見聞を、『気違い部落周游紀行』（吾妻書房、一九四八）、『日本文化の根底に潜むもの』（大日本雄弁会講談社、一九五六）、『にっぽん部落』（岩波新書、一九六七）などの著書で紹介した。

以下に示すのは、きだがその小集落で体験した「部落《むら》八分」の事例である。ただし、村八分が発動された事例ではなく、村八分の発動が予告されたことによって、村八分が回避された事例である。典拠は、『にっぽん部落』だが、いつの事例であるかは明記されていない。きだのカシラ文字を取って、これを事例きとする。

事例き　きだみのるが住む戸数十四のムラには、ムラの掟《おきて》四章というものがあった。「火を出す」、「ころし（殺傷）」、「盗み」、「ムラの恥を外に洩らす」の四章である。この四章を犯した者は、「八分」になる、つまりムラにいられなくなる。これも、ムラの掟に含まれていた。

あるときムラで、セエダ（じゃがいも）の盗み掘りが頻発した。ムラでは、見つけたら警察に引き渡すことにした。だが、効き目はなかった。そこで、夜番《よばん》を置くことにした。やはり効き目はなかった。最後に「部落会」が開かれ、盗みの現場を発見されたものは、村を出てもらう旨の決議がなされた。各自が署名し、捺印した。

これまで、畑のものを盗んだくらいで、「八分」になった例はなかった。ムラの掟で、盗みは「八分」とされていたものの、盗みとは、他家に押し入って銭や貴重品を奪うようなことを言うのであり、畑のものを盗むことは、盗みと受けとられてはこなかった。そこでムラの住民は「部落会」を開き、セエダの盗み掘りは「盗み」であること、その該当者は「八分」になることを確認したのである。——その夜から、セエダの盗み掘りは、ピタリとやんだ。

きだは、『にっぽん部落』では、「部落」という言葉を「戸数十前後の小集落」の意味で用いている。きだは、「部落」にルビをつけて、「部落《むら》」と書くことがあった。そこで右の事例では、「部落」を「ムラ」と言い換えておいた。ただし、「部落会」は、そのままとした。

この事例に関して、三つの点に注意しておきたい。

その一。この「部落《むら》八分」は、戸数十四という小さな集落で起きている。「村八分」は、このように、小さい集落で起きることがある。このあと見る事例うも、世帯数十四の自治区で起きている。

こうした少数戸の集落を「部落」と呼ぶことがあるが、それよりも大きな集落を「部落」と称することもある。また、近世における行政村が、明治中期の町村合併に伴って、新たな行政村

（新村）の一部として位置づけられた場合、それまでの村（旧村）に相当する「村落共同体」を「部落」と呼ぶ場合がある。これらについては、本章第5節、および本章末尾のコラムで、もう少し詳しく説明する。

なお、いま、村落共同体にカギカッコを付けて「村落共同体」としたのは、明治期の旧村は、すでに村落共同体の実質を失い、「擬似村落共同体」となっている可能性があるからである。以下で、「村落共同体」とする場合も同様である。

その二。きだが住んでいた小集落においては、「部落《むら》八分」という制裁、すなわち「ムラにいられなくなる」ことが最も重い制裁であった。そのように厳しい制裁だったからこそ、住民に対して、抑止効果が生じたのである。この抑止効果によって、制裁の対象となる事案（セエダの盗み掘り）が消失し、村八分は回避されることになった。すなわち、村八分という制裁の存在が、村八分の発動を抑止したのである。

竹内利美は、江戸期の「村ハチブ」について、次のように述べている〔竹内1990：p28〕。

村ハチブについては成文の規程もあったが、多くは不文律として先例に準拠して臨機に発動された。おおむね定例あるいは臨時の村寄合の際に動議が出され、協議の上、全員の賛成で発効されたが、しかし事前にすでにそうした意向はおのずから醸成されていたのであった。……ともかく村ハチブはもっとも一般的な村制裁で、その効果も痛烈であったが、さらには解除後にも村寄合では末席に坐らせたり、羽織の着用を禁ずるといった制約がしばらくは続くこともあり、その上そうした記憶は数代後までも残って、子女の縁談その他に支障を生じがちでもあった。村ハチブの発動は稀であっても、その予防的効果にはいちじるしいものがあった。

特に、傍線部に注意されたい。これは、江戸期の「村ハチブ」についての説明だが、昭和期の恩方村の小集落で起きた「部落《むら》八分」にも当てはまる。

その三。きだは、ムラの掟《おきて》四章という「不文律」の第四章に、「ムラの恥を外に洩らす」を挙げていた。きだの解説によれば、これは、「警察に知らせる」や「新聞に出る」ことの婉曲表現であるという。

このあと見る事例で明らかだが、「ムラの恥を外に洩らした」（内部の問題にしておきたいことを公の問題にした）ことが、村八分の発動につながったケースは多い。事例うがそうであり、事例おもそうである。事例しにも、そういう一面がある。それぞれの事例のところで確認してゆきたい。

5　近世の「村」、明治期の「ムラ」

ここで「村」あるいは「ムラ」という言葉について、整理しておきたい。

竹内利美によれば、一八七一年（明治四）の段階で、日本全国に、七万九六〇〇の行政村があったという（後引）。近世後期には、およそ八万村、あるいはそれ以上の行政村が存在していたと見てよいだろう。ところが、明治中期の町村合併の結果、これが一万三七八〇村に激減してしまう。

のちほど（第四章第1節）、愛知県額田《ぬかた》郡宮崎村という「村」に言及するが、この村は、一八八九年（明治二二）一〇月に、河原村、亀穴村、石原村、中金《なかがね》村、大代《おおじろ》村、雨山《あめやま》村、明見《みようけん》村の七か村が合併して成立したもので、明治前期までは、七か村それぞれが、独立した行政村であった。ということは、近世後期においても、七か村それぞれが、独立した行政村であったということになるだろう。

ところが、こうした近世以来の村々は、一八八九年四月の町村制施行によって、近代の行政村（新村）に取りこまれ、その一部になるという形になった。

近世以来の村々は、明治中期以降、表面上はその姿を消した。しかし、近世の村にルーツを持つ「村落共同体」は、明治中期以降も、いわば「制度外」の存在として残存した。ここで、竹内利美の文章を借りる〔竹内1979：p1〕。

> 明治二一年〔一八八八〕の町村制公布〔一八八八年四月〕に当り、明治政府は一カ年の猶予のもとに「町村合併」を強行してその実施に当った。そのため近世以来の「村」はほとんど制度上消失し、明治七年（一八七四）の六二〇町・七九、六〇〇村は、明治二三年（一八九〇）には一、

二五二町・一三、七八〇村に整理統合された。しかし生産と生活の両面の必要から旧来の「村（地域住民の自治組織）」はなお頑強に存続したのである。かくて日本の村落社会は制度上の地域集団体系の内部に制度外の地域的自治集団（基本集落）をかかえこむという二重構造を示すことになり、新しい自治行政町村はむしろ「旧村」の伝統をうけつぐ「ムラ（基本集落）」の連合体としての形を久しく保持してきたのでもあった。

ここで竹内は、「地域的自治集団（基本集落）」、「ムラ（基本集落）」という言葉を使っている。近世の行政村に由来する「村落共同体」を、こういう言葉で表現したのである。「基本集落」というのは、あまり耳にしない用語だが、単に「集落」というと「少数戸からなる小集落」の意味に取られるおそれがあるので、こういう用語を工夫したものであろう。

竹内の文章は、一九七九年（昭和五四）に発表されたものだが、これより三年前の一九七六年、法社会学者の神谷力《かみやちから》は、次のように述べていた〔神谷1976：p403〕。

……ここでいう「生活共同体としての村」とは、その構成メンバーの個別的経営ないし生活が共同の生産的基礎に多かれ少なかれ依存し制約される関係をもつ、共同体的性質をそなえた村落のなかで、とくに固有の集団的統制機構を有する地域集団の集落をさす。だいたいにおいて、幕藩期の「村切り」によって創出された「近世行政村」であった村落が、これに当たり、これを旧村または部落とよぶことにしたい。

竹内と神谷とでは、用語や表現こそ異なるが、述べていることに大きな違いはない。近世における行政村は、明治中期以降、新たな「村」（新村）の一部となったが、その場合でも、近世に由来する「ムラ」（旧村）は、「村落共同体」として残存した。――竹内も神谷も、そのように捉えたのである。竹内はそうした「ムラ」を、「地域的自治集団（基本集落）」または「ムラ（基本集落）」と呼び、神谷はそうした「ムラ」を、「旧村または部落」と呼んだのである。

神谷は、「部落」という言葉を、「旧村」＝近世の行政村に由来する「村落共同体」の意味で用いようとしている。一九二七年（昭和二）の大審院判例に、この用法を用いている例があり（事件は大正期、事例さ）、もちろん誤りではない。

＊

第一章はここまでとし、以下、「なぜいま村八分なのか」、「村八分の歴史」、「村八分の研究史」というふうに、論じてゆきたい。なお、各章の終わりに、その章の内容に関わるコラムを置くことにする。

◉コラム……部落はドイツ語 Gemeinde の訳語だった

今日、「部落」という言葉は、あまり使われなくなっている。古い文献に「部落」という言葉が使われていても、引用する際、「集落」などの言葉に言い換えることが多い。しかし、「部落」は、かつては公的な用語だった。戦中に組織された大政翼賛会の組織系統図を見ると、町村支部と隣組との間に、「町内会」または「部落会」が置かれている

本書執筆中、松好《まつよし》貞夫の『村の記録』(岩波新書、一九五六)を手に取ってみた。その二五ページに、「亀卦川浩氏の研究によると〝部落〟という言葉は、明治二十年(一八八七年)七月に開かれた〝自治部落制案〟の審査委員会に附議されたドイツ人モッセの起草せる原文中の“Gemeinde”から得た訳語であって」云々とあった。

「部落」という言葉が、ドイツ語 Gemeinde の訳語だったと聞いて驚いた。ちなみに、独和辞典で Gemeinde を引くと、「地方自治体、市町村」とある。

松好のいう「亀卦川浩氏の研究」とは、東京市政調査会編、亀卦川《きけがわ》浩執筆の『自治五十年史 制度篇』(良書普及会、一九四〇)、ないし亀卦川浩『明治地方自治制度の成立過程』(東京市政調査会、一九五五)のことだろうと見当をつけた。国会図書館のデジタルコレクションで『自治五十年史 制度篇』を閲覧してみると、その第七章第一節「自治部落制草案」に、「モッセ起草する所の独逸文原本は現に内務省地方局に保存されて在り、その『自治部落』と云ふは Gemeinde の訳であるが」云々とあった(一四八ページ)。この本には、「自治部落制草案」の各章各款のタイトルが、ドイツ語の原文を付して紹介されている。それを見ると、Gemeinde は、「自治部落」あるいは「部落」と訳されていた。

さらに調べてゆくと、大森鐘一《しょういち》・一木喜徳郎《いちききとくろう》共編の『市町村制史稿』(元元堂書房、一九〇七)という本があることがわかった。これもデジタルコレクションで閲覧すると、その一四ページに、次のような記事があった(同文の執筆は大森鐘一)。

「二十年〔一八八七年〕七月十三日より委員会を開き、自治部落制案を審議す。法案凡《すべ》て百六十二条、町村市区に通して規定を設け、特に必要あるものに限りて、市区と町村とを区別する条項あるのみ。故に市町村の字を用ひず、之を汎称すべき『ゲマインデ』なる語を訳して『部落』の字を用ひたるなり。」

なお、Gemeinde に「自治部落」あるいは「部落」という訳語を当てたのは、「独逸文自治部落制案」の翻訳を命じられた荒川邦蔵だったという(『市町村制史稿』一四ページ)。

モッセが起草した「自治部落制案」を翻訳した荒川邦蔵は、Gemeinde が自治体としての市町村を総称する意味の言葉であることを、よく理解していたと思う。

明治中期に創られた「自治部落」、「部落」という言葉のうち、「自治部落」のほうは、すぐに忘れられてしまったようだ。「部落」という言葉は残ったが、自治体としての市町村を総称する言葉としては定着しなかった。その後、この言葉は、「明治中期の町村合併で、表面上、姿を消した旧村」の意味として使われるようになった。大政翼賛会が、「町村支部」と「隣組」の間に置いた「部落会」の部落も、基本的には、その「旧村」だったと思われる。

さらに、いつからかはハッキリしないが、この言葉は、「少数戸からなる集落」の意味で使われるようになった。一九七〇年前後からは、「被差別部落」の意味で用いられることが多くなった。

松好貞夫は、前掲の『村の記録』において、「いつからともなく〝部落〟が、旧時代の〝村〟と同意語に転用されている」と書いている（二六ページ）。しかし、そのように「転用」されるようになった経緯や理由には触れていない。

第二章　なぜいま「村八分」なのか

1　二十一世紀に起きた「村八分」事件

「村八分」について、ひと通りのことを述べたところで、本題に入りたい。

まず、「なぜいま村八分なのか」という問題である。これについては、「はじめに」のところで、手短に問題提起をしておいた。「村八分」が、二十一世紀の今日でも起こりうる問題であり、「ムラ」以外のさまざまな空間で生じうる問題だからである。要するに、「村八分」というのが、根の深い問題だからである。

本章では、具体的な事例を分析しながら、そうした問題について考えてゆきたい。

次に示すのは、大分県宇佐《うさ》市の山間部で起きた「村八分」事件である。宇佐市のカシラ文字を取って、**事例う**とする。典拠は、同事件の判例（令和三年五月二五日、大分地方裁判所中津支部）、『朝日新聞』記事、『週刊プレイボーイ』記事である。

事例う　大分県宇佐市の山間部に、総世帯数十四の集落（自治区）がある。その集落出身のAさんは、兵庫県で公務員の職についていたが、定年退職後の二〇〇九年（平成二一）、母親の住む故郷に帰り、農業を始めた。当初は、「よう戻ってきてくれた」と歓迎されたが、あることをキッカケに、住民から「村八分」を受けるようになった。

そのキッカケとは、「中山間《ちゆうさんかん》地域等直接支払制度」（山間部での農業に対し、農林水産省が交付金を支払う制度）の運用について、Aさんが不審の念を抱いたことだった。Aさんはこう言う。「私は二〇一〇年まで、所有する畑を知人に貸していて、交付金はその知人に支給されていました。しかし、賃貸契約が終了し、私自身が耕作を始めてからも、耕作者の名義変更が行なわれず、交付金が知人へ支払われ続けていたんです。／その説明を市の農政課に求めたりしていたら、私を排除しようという動きが急に出てきました。」（『週刊プレイボーイ』二〇一九年四月八日号）

二〇一三年（平成二五）、Aさんは、集落の長老（区長）から呼び出され、自治会からの除名、自治会としての断交を申し渡された。「今後、集落のみんなはお付き合いせんことになった」。こうして、一切の交流を断たれる「村八分」が始まった。

二〇一七年（平成二九）一一月、Aさんの申し出を受け、大分県弁護士会が、同集落に対し是正勧告を出した。しかし、状況の改善は見られなかった。二〇一八年一〇月、Aさんは、村八分の解消を求めて、集落の住人らを相手に損害賠償請求の訴訟を起こした。

二〇二一年（令和三）五月、大分地裁中津支部・志賀勝裁判長は、被告の元区長三人に対し、Aさんに連帯して一一〇万円を支払うよう命ずる判決を下した。原告・被告とも控訴しなかったという。


ごく最近の事件であり、しかも事件の背景や経緯が、判例や報道によって明らかになっている。分析・検討にふさわしい事例と言えよう。

まず、この事件を「村八分事件」として捉えるのが妥当かどうか、検討しておきたい。

この事件でAさんは、自治会から「除名」され、一切の交流を断たれている。第一章で見た通り、これは伝統的な「村の制裁」として見た場合には、「絶交」（村八分）に当たる。この事件を「村八分事件」と呼ぶことに、特に問題はない。

なお、判決文中には、「社会通念上許される範囲を超えた「村八分」」、「「村八分」として共同不法行為を構成する」などの文言がある。この事件を「村八分事件」と呼ぶことは、判例によっても認められたということである。

2 「よそから帰って来て偉そうなこつ言うな」

この事例について検討しながら、「村八分」という事象について考えてみたい。以下、ポイントを絞りながら検討してゆく。

その一。Aさんには、集落に、幼い頃からの知人もいた。しかし、「除名」されたあとは、そうした知人も、Aさんを避けた。「もう近づかんといてくれ。あんたと話しているのを見られたら、どんなことされるかわからん」。――そう、知人に言われたという。

江戸期には、村八分が発動された場合には、それを破った者も村八分になるという慣行が存在した〔竹内1990：p27〕。江戸期において、それは、厳しい村落の制裁を担保するための非情な慣行であった。そうした非情な慣行は、二十一世紀の村八分事件においても、なお維持されていたのである。

その二。元公務員のAさんは、集落における「中山間地域等直接支払制度」の運用に不審を抱き、「市の農政課」に問合せをおこなった。これは、集落の住民にとっては、「ムラの恥を外にさらした」、すなわち、「内部の問題にしておきたいことを、公の問題にした」ことになった。従兄にあたるIからも、電話で、「お前は役所に聞き回っとるらしいな」と言われたという。やはり、市の農政課への問合せが、「村八分」のキッカケになったと考えられる。

その三。Aさんは、交付金の問題について意見を述べたとき、「新参者《しんざんもの》は黙っとけ」と言われたという。この集落出身のAさんは、少なくとも「ヨソモノ」ではなかったはずだが、一度、集落を離れた者は、「新参者」として扱われたことがわかる。また、従兄のIからも、「よそから帰って来て偉そうなこつ《ママ》言うな」と罵られたという。

その四。「村八分」になったAさんは、大分県弁護士会に働きかけ、二〇一七年（平成二九）に是正勧告が出された。同年、『週刊プレイボーイ』誌の取材に応じて、この「村八分」事件を全国にアピールした。さらに集落の住民らを相手に、訴訟まで起こした。すべて、「ムラの恥を外にさらす」言動であった。これらの言動によって、Aさんと集落住民人との間の亀裂は、決定的なものとなったはずである。

その五。Aさんの勝訴に終わったが、この判決が出たことによって、Aさんと集落住人との間で、ただちに関係の修復がなされるとは思えない。この事件を取材した『朝日新聞』の大畠正吾記者も、「男性は状況の改善に期待するが、集落の仲間として再び受け入れられるかは未知数だ」と書いている（『朝日新聞』大分版二〇二一年五月二六日）。

江戸期には、村八分を解除する場合におこなわれる一定の儀式があったという〔竹内1990：p27〕。しかし、そうした儀式は、いずれも村八分にされた者が、ムラ側に詫びを入れ解除を懇願する形でなされていた。この宇佐市の事件のように、「村八分にした側」が謝罪しなければならないような場合、江戸期の先例は、ほとんど参考にならない。この宇佐市のようなケースでは、双方の和解は、どのような形でなされるべきなのだろうか。

3　オリンパス不当配転事件の本質

現代の事例を、もうひとつ見てみよう。次に示すのは、オリンパス株式会社で起きた不当配転事件である。

この事件が「村八分事件」として論評されたことは、たぶん、これまでなかったと思う。しかし、この事件には、いくつか、「村八分」的な側面を見出すことができる。「村八分」について研究しようとする者にとっては、この事件もまた、貴重な題材と言える。

オリンパス株式会社で起きた事例なので、そのカシラ文字を取って、**事例お**とする。典拠は、『日経ビジネス電子版』二〇一二年一一月二二日記事（小原擁執筆）など。

事例お　オリンパス株式会社の従業員だった浜田正晴さんは、二〇〇七年、上司のY部長がおこなおうとしている社員の引き抜き工作が会社の信用失墜につながると考え、社内のコンプライアンス室に通報した。すると、コンプライアンス室長は、浜田さんには無断で、通報者の名前や通報内容を、当のY部長、人事部長などに漏洩した。その結果、浜田さんは、経験のないセクションに異動させられる、社内の人間関係から孤立させられる、などの報復を受けることになった。

二〇〇八年（平成二〇）、浜田さんは、現役従業員のまま、不当配転の無効と損害賠償の訴えを東京地裁に起こした。二〇〇九年には、東京弁護士会に人権救済の申し立てをおこなった。二〇一〇年、一審で敗訴。しかし、二〇一一年、二審で逆転勝訴。二〇一二年の最高裁判決によって、浜田さんの勝訴が確定した。

勝訴が確定した後も、浜田さんは、処遇改善や名誉回復などを求めて裁判を続けていた。二〇一六年（平成二八）、オリンパスとの間で和解が成立。浜田さんが、和解に応じたのは、普通のサラリーマンに戻りたかったからだという。

和解が成立したとき、浜田さんは、会社側から、「会社に来なくていい。給料は払うから」と言われた。「そんなサラリーマンいますか？ そんな特権をもらうために裁判をしていたわけではありません。普通に、働かせてください」と反論し、受け入れられたという。

復帰後の浜田さんは、海外勤務経験を生かし、人事部で海外赴任する若手の研修などの指導に従事した。

この事件で、和解が成立したとき、会社は浜田さんに、「会社に来なくていい。給料は払うから」と言ったという〔小原2021：p2〕。会社側は、和解という形で、浜田さんと縁を切ろうとした。これは、和解という形をとった、体のよい「排除」であった。

ここに、この事件の本質があらわれている。すなわち、この事件の本質は、集団の和を乱すメンバーを、集団の力によって制裁し、排除しようとしたところにある。すなわち、「村八分」的な制裁が動いたところにある。

しかし、浜田さんが「普通に、働かせてください」と反論したために、会社は浜田さんを受け入れた。浜田さんは、無事、職場復帰を果たした。

この浜田さんの職場復帰には、重要な意義があった。おそらく、この先も、会社から排除されようとした従業員が、勝訴ないし和解によって職場に復帰するというケースが出てくるであろう。浜田さんの職場復帰は、そういう場合の「モデルケース」となるからである。

さて、大都会においても、また有名企業においても、「村八分」に類した事象が起きうる。村八分は、決して、ムラ（村落共同体）だけの問題ではないのである。

4 コンプライアンス制度と「ムラの論理」

「村八分」という視点に立ちながら、もう少し、この事例を分析してみよう。

浜田さんが、コンプライアンス室に通報したのは、上司の引き抜き工作が、会社の信用失墜につながると考えたからであった。いわば、「会社のため」に通報したのであった。

コンプライアンス compliance には、「企業が法令や社会規範・企業倫理を守ること。法令遵守」という意味がある。浜田さんは、そういうコンプライアンスの趣旨に従って、コンプライアンス室に通報したのである。

ところが、オリンパスのコンプライアンス室は、コンプライアンスの趣旨を理解していなかった。コンプライアンス室長は、浜田さんには無断で、通報者の名前や通報内容を、当のＹ部長、人事部長などに漏洩した。

コンプライアンスという視点に立って、浜田さんの通報内容を検討しようとしたのではない。浜田さんが上司のY部長の引き抜き工作について疑問を抱き、それをコンプライアンス室に訴えたこと、そのこと自体を問題にしたのである。

コンプライアンス制度というのは、部下が上司の不正を通報したような場合、そうした通報を尊重すると同時に、通報者を保護するための制度である。その通報者を保護することなく、逆に不当配転という形で制裁を加えるというのでは、そもそも、コンプライアンス制度を設けた意味がない。

コンプライアンス室長から、通報の件を聞かされた上司のY部長は、その直後に、浜田さんの配置転換を検討しはじめたという〔関2012：p8〕。これは、きだ みのるのいう「ムラの掟」の論理である。Y部長にとっては、浜田さんは、「ムラの恥を外にさらした者」（自分の部署の問題を、コンプライアンス室に通報した者）である。そういう者は、制裁され、排除されなくてはならないという論理、まさにこれは、「ムラの論理」である。

「ムラの論理」に立っている点では、コンプライアンス室長も同様かもしれない。従業員がコンプライアンス室に通報するという行為そのものに、企業の立場から、危機感を抱いたと思われるからである。

そもそもコンプライアンス制度というのは、そういう「ムラの論理」を打ち破るために設けられた制度である。コンプライアンス制度は、「ムラの論理」によって支配されているような職場でこそ、活用されなくてはならない。ところが、オリンパス株式会社で起きた事件は、コンプライアンス制度そのものが、「ムラの論理」によって否定されようとした事件だったということができよう。

以上、ふたつの事例を紹介したが、「村八分」が今日の問題でもあること、「村八分」がムラ（村落共同体）だけの問題ではないことを理解していただけたであろうか。

5 「村八分」は根の深い問題である

本書は、「村八分」という問題を、「根の深い問題」として位置づけている。本書の理解しているところでは、「根が深い」とは、この問題が、日本の（精神）風土、日本人のメンタリティ、日本の近代化、日本の権力構造などの問題と、深く結びついているということである。

この「根の深い問題」を通して、日本の（精神）風土、日本人のメンタリティ、日本の近代化、日本の権力構造といった問題に迫るというのが、本書の目論みである。

詳しくは、次章以下の論述に譲るが、ここで、本書の立場を箇条書きで示しておくことにしたい。

一　江戸期における村の制裁であった「村八分」が、二十一世紀の今日でも、なお起きているという現実を、どのように解釈すべきか。このことに関して、本書は、江戸期の「遺風」が、今日なお維持されているという見方を採らない。

二　歴史学者の中村吉治《きちじ》は、「村八分」は、むしろ近代に特有の現象であると指摘したことがある。民俗学者の谷川《たにがわ》健一は、この中村説を強く支持した。筆者もまた、中村説支持を表明してきた者だが、ここで改めて、中村吉治の炯眼《けいがん》を確認したいと思っている。

三　近代における「村八分」は、どういうものだったのか。それは、江戸期における「村八分」とは、異なるものだったのか。具体的な事例を探し出し、明治・大正期の大審院判例を読み、あるいは先行研究に深く学びながら、そうした問題について考えてみたい。

四　近年、インターネットの普及により、あるいはコロナ禍のもとで、「自粛警察」、「同調圧力」といった言葉が聞かれるようになった。こうした言葉で表現される状況の背後には、おそらく、日本の〈精神〉風土、日本人のメンタリティ、日本の権力構造といった問題が横たわっている。こうした問題を解明しようとするとき、「村八分」という事象が、重要なヒントを提供してくれるに違いない、というのが本書の見立てである。

五　今日における「いじめ」の問題は、「村八分」の問題と重なるところが多い。「いじめ」という事象は、「村八分」という視点から捉え直すことができるし、捉え直す必要があると考えている。

＊

◉コラム……民俗の改廃が思わぬ犯罪を構成する

明治維新のように「すべての文物が改革」されるとき、風俗習慣もまた「改廃」を迫られる。ところが、「幾百年となく社会に慣行されていた民俗」を変えるというのは容易なことではなく、これをそのまま継続しようとして、「意外の不祥事を招来することがあった」。——民俗学者の中山太郎は、かつて、「民俗の改廃が生むだ特殊の犯罪」という論文（初出一九三二年）の冒頭で、そのように述べたことがあった。

ここで中山のいう「不祥事」とは何か。「犯罪を構成する」ということである。すなわち中山は、かつては許されていた「慣行」が、文物の改革によって、「法規に触れ、思わぬ犯罪を構成する」ことがあると指摘したのである。さすがは中山太郎というか、実に鋭い、まことに示唆に富む発想であった。

同論文で、中山が挙げている「犯罪」には、嫁盗み、婿いじめ、葬儀忌避、神輿荒れ、村八分などがある。読者諸氏は、中山がここで、「村八分」を取りあげている点に注目されたい。まさに「村八分」は、明治の近代に入って、「法規に触れ、思わぬ犯罪を構成する」ことになった民俗を代表するものと言える。このあと、大審院判例を見てゆくことになるが、「村八分」をめぐって裁判になった場合、ほぼ例外なく、「村八分」をおこなった側が脅迫罪や恐喝罪で処罰されている。

なお、同論文で、中山は次のように述べている。

「かかる犯罪が、民俗の改廃が盛んに行われた、明治期だけに在るのならば、まだ旧習になずんで新令を知らぬものとして、多少とも恕《ゆる》すべき点もあるが、明治を過ぎた大正・昭和の現代においても、なお剿絶《そうぜつ》を見るに至らぬとは、そもそも如何なる理由が存するにや。私のように民俗学を専攻している者にとっては、相当に注意すべき問題であると考えている。」

同感である。そして、私としては、この中山の言葉を、次のように言い換えさせていただきたいと思う。

「かかる犯罪が、民俗の改廃が盛んに行われた、明治期だけに在るのならば、まだ旧習になずんで新令を知らぬものとして、多少とも恕すべき点もあるが、明治を過ぎ、大正・昭和・平成を過ぎた、令和の現代においても、なお剿絶を見るに至らぬとは、そもそも如何なる理由が存するにや。犯罪民俗学という分野に関心を持つ私にとっては、相当に注意すべき問題であると考えている。」

第三章　村八分の歴史（江戸期）

1　丹波国の後家、「村払い」になる

ここからは、村八分の歴史について述べる。事例を中心に、わかりやすく解説してゆきたい。近世（江戸期）、明治大正期、昭和期の順に述べる。

近世（江戸期）において、「村八分」に相当する事案が発生した場合、村落共同体、ないし行政村は、それにどのように対応したのだろうか。

寛永年間といえば、江戸時代の初期だが、そのころ、丹波国桑田郡田能村《たんばのくにくわだごおりたのう》で、ひとりの後家《ごけ》（寡婦）が「村払い」にされたあと、餓死するという事件があった。

歴史学者の水本邦彦氏は、その著書『近世の郷村自治と行政』（東京大学出版会、一九九三）の第七章「公儀の裁判と村の掟」の冒頭で、この事件を紹介している。同書によって、この事例

をまとめてみよう。丹波国のカシラ文字をとって事例たとする。

事例た　寛永年間（一六二四〜一六四四）に、丹波国桑田郡田能村に起きた出来事だという。同村清水垣内《がいち》に住む清左衛門後家《ごけ》が稲穂を盗み取ったことが発覚した。村民が評議した結果、後家とその子どもたちが「村払い」になる（追放される）ことになった。これに対して後家は、「盗みは自分一存の行為であり、子どもたちはまったくあずかり知らぬことです。どうか子どもたちは勘弁してやって欲しい」。この願いは聞き入れられ、後家だけが「村払い」となった。

しかし、女のことで、よそにゆくこともできず、後家は、村外れの「御社谷」に臥せっていた。これを知った子どもたちは、ひそかに食物を運んだが、後家はまったく口にせず、ついに餓死してしまった。

事件から百年ほど経った元文元年（一七三六）、田能村の村民は、「宮座記録」にこの故事を記載した、そして改めて、盗みに対する制裁を定めた「村掟《むらおきて》」を確認しあったという。

これは、「村八分」（絶交）の事例ではなく、「村払い」（追放）の事例であるが、参考までに挙げてみた。ただ後家は、「村外れ」で臥せっていたようなので、この点は、「村八分」（絶交）に近いと言えるかもしてない。子どもたちは、母親のもとに「ひそかに」食物を運んだというが、おそらくこれは許されない行為だったのであろう。母親が、その食物を口にせず、餓死したというのは、「村払い」という制裁が、実質的には「死罪」であることを、意識していたからだと思う。

なお、事件の百年後に田能村の村民が確認しあった「村掟」は次のようなものだったという。【　】内は、礫川が老婆心で書き直したものである。

一、村方田畑之作物を何ニても盗取候ハヽ、其者古法之通村を追出シ申候、竹木・柴等を盗採、又者落葉・牛馬之草盗苅候者茂、邑方定法之過料為《し》出シ申候事【村方田畑《でんぱた》の作物を何にても盗み取り候はば、其者古法の通り、村を追出し申し候、竹木・柴等を盗み採り、又は落ち葉・牛馬の草、盗み苅り候者も、邑方《むらかた》定法の過料、為《し》出し申し候事】

この事件を紹介した水本邦彦氏は、そこから、「清左衛門後家一件に公儀は関与しなかったであろうか。村の掟と公儀の法とはいかなる関係にあったのか。」などの問題を抽出している。「公儀の裁判と村の掟」と題した章の冒頭で、この事件が引かれている所以である。

それにしても、「村の掟と公儀の法とはいかなる関係にあったのか」という問いは重い。なぜなら、このテーマは、二十一世紀の今日においても、なお、裁判で争われているからである（事例う参照）。

2　名主の十左衛門、「はちぶ」を調停

続いて紹介するのは、江戸中期、安永九年（一七八〇）、および天明五年（一七八五）の事例

である。両事例とも、『龍ケ崎市史 近世編』（龍ケ崎市教育委員会、一九九九）に載っていたものである。同書の第三章「村のしくみと生活」は、「近世の村」の姿を、リアルに、また生き生きと描いている。同章の執筆は、井上攻《おさむ》調査員である。

特に第三章第三節「村の生活誌」は、「豊田村名主日記」という史料を駆使しながら、下総国《しもうさのくに》豊田村とその周辺で発生した「村八分」の実例を、数多く紹介している。

この日記は、「村八分」をめぐる様々な係争を、豊田村の名主《なぬし》・十左衛門《じゅうざえもん》の視点から描いている。ここでは、そこから、ふたつの事例を紹介するが、うち、安永九年の事例は、ごく簡単に説明し、天明五年の事例については、少し詳しく検討したい。

ちなみに、「名主」というのは、東国で行政村の長を指す。西国は、「庄屋」が、これに相当する。また、豊田村、その隣村・長沖村《ながおきむら》には、村掟、村極《むらぎめ》など、成文化された制裁規定は、なかったと思われる。

まず、安永九年（一七八〇）に、下総の豊田村で起きた事例を紹介する。豊田村のカシラ文字を取って事例ととする。

事例と　安永九年（一七八〇）四月二四日、豊田村の百姓・金右衛門が十左衛門を訪ねてきた。あることから、村人の反撥を買い、惣村《そうそん》の寄合《よりあい》で村八分の処置を受けたという。ここで「惣村」というのは、百姓の側から捉えたムラ（村落共同体）といった意味だと理解してよいだろう。

名主の十左衛門は、金右衛門が「惣村」の寄合で「村八分」になった事実を把握していなかった。十左衛門は、その日のうちに、五人組の代表、続いて惣村の代表を呼び出し、事の次第をただすと同時に、「たとえ金右衛門に不行届《ふゆきとどき》があったとしても、惣村が金右衛門を村八分にすること自体、あってはならない」と糺《ただ》した。もし金右衛門に「我儘等《わがまま》」があったとしても、村役人へ申し出るのが筋であって、「村方」が村八分のような処置をするのは「心得違い」だと説いた。ここで、「村方」というのは、名主の側から捉えたムラ（村落共同体）を指しているようだ。

このあと十左衛門は、金右衛門と村方との「和融」を指示した。その後、十左衛門は、組頭から、村八分はなくなった旨の報告を受けたという。一件落着である。

この事例では、「村八分」は、惣村＝村方が、寄合の決議によって発動されたようだ。行政村の長である名主は、それに関与していない。関与しないということは、特に係争が生じない限りは、そういう制裁を「黙許」していたということだったのだろう。

「村八分」などの制裁をめぐって係争が生じた場合、名主は、その制裁を否定し、さらには、村方の制裁を「私的制裁」と規定し、否定したのである。十左衛門は、金右衛門と村方との「和融」を指示したというが、これは、実質的には「村八分」をやめて和解せよ、という村方に対する指示だったと思う。

十左衛門が関与した「村八分」の事例を、もうひとつ見てみよう。天明五年の事例で、舞台となった長沖村《ながおきむら》のカシラ文字を取って、事例なとする。

事例な　天明五年（一七八五）の六月から八月にかけて、豊田村の隣村である長沖村で村八分事件が起きた。十左衛門は、「調停人」として、この事件に関与することになった。

長沖村の百姓・源蔵は、「遊日《あそびび》」（公休日）に麦刈りをしたため、「惣村中《じゅう》」から「はちぶ」にされた。源蔵の家には、源右衛門後家《ごけ》が日雇《ひよう》稼ぎに来ていたが、これは、「はちぶ」の制裁に違反する行為とされ、源右衛門後家もまた、「はちぶ」となった。ここで「惣村中」というのは、百姓の側から捉えたムラ（村落共同体）と理解してよいだろう。

源蔵はまず、長沖村の組頭《くみがしら》のところに、続いて名主のところに願書を持参し、「惣村中の吟味」を願った。これを受けて、吟味がおこなわれたが、村八分に関しては惣村中も譲らなかった。

この段階で、「聞捨てにも相なりがたく」ということで、豊田村の名主・十左衛門が調停に加わった。十左衛門は長沖村を訪ね、阿弥陀寺《あみだじ》の隠居、宝蔵寺住職と相談しながら、調停を開始した。同年六月七日の「豊田村名主日記」には、「今朝まで夜通し取扱い」などとあるという。徹夜で調停が続けられた結果、「内済」が整った（表沙汰にしない形で決着した）。同日から翌八日にかけて、惣村中側と源蔵側が十左衛門のところに、酒などを持参して礼に来ていたという。

しかし事件は、これでは終わらなかった。六月九日の夜、源蔵の庭に、石塔が投げ入れられた。今回の決着に不満を持った村民のいやがらせであった。源蔵は訴訟の構えを見せ、十左衛門等の説得にもかかわらず、地頭所へ出訴することになった。

公的な訴願ルートに乗った後も、十左衛門らのねばり強い調停作業は続き、八月になり内済となった。その後、こうした自主的解決の努力とは別に、領主の判決も下された。惣村中側の四人が戸〆《とじめ》（自宅謹慎）となった一方、源蔵に対する処置は「御叱り」という軽いものだった。

この事例では、長沖村の村内で問題が決着せず、豊田村の名主・十左衛門が調停に入った。「隣村」のことであるから、十左衛門は、あくまでも「調停人」という立場である。

何とか、「内済」がととのった。しかし、何者かが、源蔵の庭に石塔を投げ入れた。もしこのことがなければ、源蔵が地頭所に出訴することはなかったであろう。しかし、源蔵が出訴したことによって、私たちは、領主側がこういう紛争をどう裁いたかという貴重な「判例」を得ることになった。

3　桜町領物井村・善太郎一家の逃亡

ここで、江戸時代の末期に起きた「村八分」の事例を見ておきたい。ただしこれは、惣村によって「村八分」が発動された事例ではなく、村民による差別・迫害に耐え切れず、一部の百姓が村から逃げ出したケースである。「村八分の事例」というよりは、「村八分に類した事例」である。

江戸末期の篤農家として知られる二宮尊徳こと二宮金次郎（一七八七〜一八五六）は、文政五年（一八二二）、小田原藩から下野国《しもつけのくに》桜町領の農村復興を命じられて、現地に赴いた。桜町領の復興は困難を極めた。農民が反抗的で、尊徳の指導に従おうとしなかったからである。

二宮尊徳の言行を記録した富田高慶《こうけい》の『報徳記』には、次のような一節がある。

目の前の損得を争い、人の成功をねたみ、善を防ぎ、悪に流れるのは、小人《しょうじん》の常《つね》である。村内の悪がしこい連中は、うわべは先生（二宮尊徳）の指図に従うかにふるまい、内心ではこれを妨害した。先生が、ひとつ手を下すたびに、故障を訴え、あるいは愚民を煽動して、その事業を破壊しようとした。荒れ地を開こうとすると、「従来の田畑すら耕作する力が足りません。どうして開田を耕すことができますか」と言ってこれを妨げた。先生が、加賀国《かがのくに》・越後国《えちごのくに》からの来民に、家を作らせ、田を開かせ、家財・農具・衣食などを与えて村民にすると、村の連中は、彼らを逃亡民と呼んではずかしめ、あなどり、いわれのない難題を設けて苦しめ、最後には他国に逃亡せしめた。そうしておいて、「生国を出てきた無頼の徒をこの村民にしたりするから、早くもまた、逃げ去ったではないか」と、あざけった。〔礫川による現代語訳〕

ここで「来民」とあるのは、いわゆる「入百姓《いりびゃくしょう》」のことである。尊徳が赴任した時点で、下野国桜町領における物井・東沼・横田三村の戸数は、最盛時の三分の一近くまで減少していた。尊徳は、こうした戸数減による労働力不足を補うため、越中・越後から入百姓を受け入れた。これには、在来の「怠惰な」村民に対し、勤勉に働く入百姓の姿を見せつける意図もあったと推察される。

ところが、こうした尊徳の意図は、裏目に出た。『報徳記』も記しているように、在来の村民連中は、尊徳が招いた入百姓を迫害し、これに耐えかねた入百姓が、次々と他国に逃亡するという事態となった。尊徳が特に目をかけていた物井村の入百姓・善太郎とその一家も、忽然として姿を消してしまった。

この事例を、物井村のカシラ文字を取って、事例もとする。典拠は、二宮尊徳の日記『文政九丙戌年日記帳』。

事例も　文政九年（一八二六）は、二宮尊徳が桜町領にやってきてから四年目の年であった。この年、桜町領から欠落《かけおち》する（逃亡する）入百姓があいついだ。

物井村の入百姓・善太郎が、家族十名とともに欠落《かけおち》したのも、この年の三月三日夜であった。善太郎は、潰《つぶ》れ百姓の所有地を開墾し、その勤勉さのために、部落で有数の大高持《おおたかもち》になっていた。その勤勉に対し、尊徳から多くの褒賞も受けていた。にもかかわらず、一家は、この日、忽然として姿を消したのである。在来村民の入百姓に対する差別・迫害が理由であった。

知らせを聞いて愕然とした尊徳は、みずから探索に当たったという。尊徳の日記『文政九丙戊年日記帳』の三月四日の項には、「桜町組百姓善太郎儀、妻子共、都合十人、連候《つれそうらい》て昨夜出奔《しゅっぽん》候段、同村役人共、申出候に付、直《ただち》に尋《たずね》申付候」とある。目をかけていた「勤勉」な入百姓に逃げられた、尊徳の落胆は大きかったことであろう。

桜町領の在来村民は、なぜ入百姓を迫害したのか。それは、入百姓が勤勉だったからである。在来村民は、尊徳が、自分たちを勤勉な農民に変えようとしていることを把握していた。自分たちに、勤勉な入百姓を見せつけようという尊徳の意図にも気づいていた。勤勉を嫌い、怠惰を好む彼らは、尊徳に対し反感を抱いたが、その反感は「役人」である尊徳に対してではなく、入百姓に向けられた。そこには、ヨソモノに対する敵意や、ヨソモノの成功をねたむ感情も混ざっていたに違いない。

4 なぜ二宮尊徳は成田山に籠ったのか

二宮尊徳は、桜町領の復興にあたって、様々な方策を試みた。そうした方策のなかに、怠惰な農民を勤勉な農民に作り変えるために採用した一連の手法がある。

そのひとつに、金品で釣るという手法があった。これについては、いくつか有名な逸話が伝えられている。たとえば、物井村の開墾の際、一日中、休まず木の根を掘り続けていた老役夫《えきふ》を褒め、金十五両を与えたという話がある。陰で自分の悪口を言っていた村民を呼び出し、米二俵を与えて驚かせたという話もある。そのほか、入札《いれふだ》（投票）によって、最も勤勉な村民を選ばせ、これに農具を与えるというようなこともおこなっている。

ふたつ目に、加賀や越後から勤勉な入百姓を招いたことが挙げられる。尊徳が入百姓を招いた主たる目的は、減少していた村民数を補うことにあったのだろうが、それのみならず、勤勉に働く入百姓の姿を在来の農民に見せつけ、刺激しようという意識改革の意図もあったと思われる。事例もは、尊徳のそうした意図が裏目に出たケースである。

そして三番目に、怠惰な農民に対し、公的な制裁を加えるという手法があった。

文政一〇年（一八二七）四月一六日、横田村の百姓・金治に対し、農業上の心がけが悪く（農業心掛不宜）、怠け者でいくじなしで、風俗を乱している（惰弱不風俗）として、「過怠手鎖《かたいてじょう》」を申し渡している（「過怠手鎖」は、過料や労役の代りに、手鎖を科せられること。手鎖はテグサリとも読む）。

これは、役人としての「公的制裁」である。「士格」の身分を持つ尊徳は、そういう権限も持っていたのである。

それにしても、こういう「処罰」によって、怠惰な農民が勤勉な農民に生まれ変わるということがあったのか。むしろ、農民たちの反撥を買うだけではなかったのか。

役人としての尊徳は、名主、組頭といった村役人を処罰することもあった。

尊徳は、文政一〇年（一八二七）正月一四日、東沼村の百姓・彦治郎が、酒に狂って妻子に悪口を浴びせたことに対し、過料として「銭弐貫文」を申し付けた。このとき同時に、組頭の喜太郎、五人組の治兵衛および丹蔵の計三名にも、おのおの「銭壱貫文」を申し付けている。

また、同年四月一五日、同村の百姓・幾右衛門が、付近の村に「綿打《わたうち》」の日雇い稼ぎに出ていたことを咎めて、「押込《おしこめ》」（謹慎処分）を申し渡している。このとき同時に、名主の弥兵衛、組頭惣代兼組頭の喜太郎ほか二名、計四名に対して、全体で過料「銭三貫文」を申し付けている。村役人をも敵にまわしてしまうような、尊徳の権力的な姿勢は、村役人や村民に、どう受けとめられたのだろうか。

二宮尊徳は、文政一二年（一八二九）正月に上京したあと、とつぜん行方不明となった。その後、三月中旬になって、成田山に籠り、二十一日間の断食祈願をしていることが判明した。祈願が満願に達したのち、四月八日に桜町陣屋に戻ったという。

尊徳が、こうした挙に出たキッカケについては、いろいろな説明がおこなわれている。尊徳自身が、この間の心境を書きとめた資料もあるという〔佐々井1998：p269〕。

しかし、基本的には、これまでの自分のあり方に疑問を抱き、自分というものを見つめ直そうとしたのが、「成田山参籠《さんろう》」の理由だったと私は考えている。

佐々井信太郎の『二宮尊徳伝』には、「文政十一年は桜町仕法中に於ける最難局の年」であったとある〔佐々井1935：p105〕。その年、復興事業を進める上で、いくつかの障害が発生していたが、尊徳が最も悩んだのは、前年の文政一〇年（一八二七）に赴任してきた代官・豊田正作から、陰険な妨害工作を受けていたことだったと思われる。

代官の豊田正作は、尊徳の仕法（経営方法）を評価していなかった。「士格」の身分を得て、農民を指導してきた尊徳だったが、豊田からすれば、尊徳は成り上がった農民でしかなかったのだろう。

尊徳は、桜町領の復興事業に自信を失い、自分は何者なのかという、「アイデンティティの危機」に陥ったのではなかろうか。どこかに籠って、自分というものを見つめ直したくなったのではなかろうか。


二宮尊徳が成田山に籠った理由について考証することは、本書の目的ではない。しかし、「村の制裁」の問題を扱っている本書としては、ここで指摘しておかなければならないことがある。それは、近世における「村の制裁」の中に、「入寺《にゅうじ》」と呼ばれるものがあったという事実である。

竹内利美《としみ》によれば、「入寺」というのは「禁足・謹慎」の一態様で、長野県や山梨県では、大火を出した者が、三日間、自主的に入寺したあと、各戸を廻って詫びの挨拶をする慣例があったという〔竹内1990：p31〕。また法制史学者の神崎《かんざき》直美氏は、近世における村の制裁を十五種に分類した上で、そのひとつに「入寺」を挙げている〔神崎1998：p379〕。

近世の村に、「入寺」という制裁が存在していたとすれば、二宮尊徳の参籠と断食は、本人が自主的に謹慎する、あるいは、本人がみずからを制裁するという「意味」を帯びざるをえなかった。これは、本人にそういう意識があったかなかったかという問題ではない。入寺という「記号」が、必然的にそういう「意味」を帯びるのである。

尊徳が参籠中、どのように自分を見つめ直したかは、よくわからない。この間、村民らに示してきた権力的な言動について反省したのかもしれないし、その点での反省はなかったのかもしれない。いずれにしても、桜町領の村民にとって重要なのは、尊徳の「内心」ではなく、尊徳が入寺したという「外形」＝「記号」だった。すなわち、みずから謹慎生活にはいったという「記号」であり、尊徳が断食してみずからを制裁したという「記号」だった。

尊徳の「入寺」を知った桜町領の村民たちの驚きは大きかったことであろう。『二宮尊徳伝』は、成田山参籠のあとは、「村内一人の苦情を唱ふるなく人心全く安定し」と記している〔佐々井 1935：p115〕。そういう劇的な変化があったというのも、あるいは本当だったのかもしれない。

5　近世の「村」と「村法」

やや話がカタくなるが、ここで、江戸時代の「村法《そんぽう》」について整理しておきたい。

農業経済学者の小野武夫（一八八三～一九四九）に、「徳川時代の村極（ムラギメ）」という論文がある。『増訂　日本村落史考』（刀江書院、一九二七）に収められている。この論文は、越後《えちご》国頸城郡新保古《くにくびきごおりしんぼこ》新田の「村極証文《むらぎめ》」を紹介し解説したもので、「近世村法」（江戸期の村法）をテーマにした学問的研究の嚆矢《こうし》とされている。

ここで小野は、元文六年（一七四一）から弘化四年（一八四七）までの百余年の間、新保古新田で定められた、計一〇件の「村極証文」を紹介した。小野は、これら村極証文は、新保古新田出身の大学生・野口孝徳から贈られたものだと注記している。おそらく、野口孝徳の生家で保存されてきた文書だったのだろう。

どの証文にも、二十数名の百姓の署名がある。署名しているのは、いわゆる本百姓であろう。一〇件のうち六件に村方三役（庄屋・組頭・百姓代）の署名があり、一件に庄屋と百姓代の署名がある。新保古新田（新保古新田村）が、村方三役を置く近世の典型的な「行政村」であったことがわかる。

近世の行政村のうち、成文化された「村法」（村掟、村極など）を持つ村が、どのくらいあったのかは不明だが、越後の新保古新田（新保古新田村）は、成文化された村極を持つ村のひとつだった。ちなみに、今日、確認できる近世村法の点数は、全国で約二〇〇〇点という〔神崎1998：p319〕。

さて、小野は、右の論文の最初のほうで、次のような指摘をしている。

徳川時代における村の住民はその村落生活の安全を期するひとつの方法として村全体の決議により制裁法を設けてあった、これすなわち当時の村極または村議定《むらぎじょう》と称するものであって、村の中に住む住民は必ずこの制裁法を守らせられたのであった、もし村極にそむけば村極による相当の制裁を受けなければならなかった。

小野はここで、村極の本質は「制裁法」であると述べている。重要な指摘であろう。続いて小野は、「村極の法律的源泉」について、次のように述べる。

村極の法律的源泉は、少なくともふたつの方面にその流れを求むることができる。ひとつは上司すなわち徳川幕府または藩庁の禁令を村民一致して遵守せんために申合せをなす場合と、何ら上司の支配意識を酌むことなく、村民自体の共同生活を平安ならしめんために、村総体で制裁法を設くるものこれである。

村極の法律的源泉（法源）には、公の禁令に由来するものと、自治的な村落共同体に由来するものがある。――このように小野は述べている。ここで注目したいのは、小野が近世の「村」に、「自治的な村落共同体」の姿を見出していることである。

小野によれば、村総体が「何ら上司の支配意識を酌むことなく」設ける制裁法があるという。ここで小野が「村総体」という言葉でイメージしているのは、自治的・自律的なムラ＝村落共同体、中世の「惣」の伝統を引くムラ＝村落共同体だったと思われる。村落共同体としてのムラは、境域や構成員という点で、「行政村」（統治機構の末端としての村）と重なる。しかし、性格や役割という点で、「行政村」とは区別される存在だった。――小野は、このように捉えていたようだ。少なくとも私は、小野の説明をそのように理解した。

新保古新田の村極証文の内容を、少しだけ紹介しておこう。宝暦四年（一七五四）十一月朔日付の「村中極證文之事」には、たとえば、次のような規定がある。

一、当村何者にかぎらず常に行跡《ぎょうせき》荒く、在所又は野辺《のべ》にても悪口過言《あっこうかごん》の儀申《もうす》者有之《これあらば》は、村中寄合吟味の上追放可仕《つかまつるべく》候、……

一、御法度の盗賊悪党徒党の儀は不及申《もうすにおよばず》惣而《すべて》田畑野辺《でんぱたのべ》作毛其外一切何にても盗取《ぬすみとり》候はゞ、少しのものたりといふ共、見付次第追放可致《いたすべく》候、……

いずれも「追放」についての定めである。「追放の対象となった者の家は、村じゅうの者が立ち会う中で引き潰される」といったことも、最後のところに記されている。新保古新田（新保古新田村）は、こうした村極証文の形で、村民に対し、心得違いのないよう警告していたのである。ちなみに、同村における制裁は、「追放」および「過料」（罰金）が主であって、「村八分」（絶交）についての規定はない。

*

◉コラム……茨城県手賀新田に見られる散村集落

竹内慎一郎著『北陸農民の関東東北移民』（入善町文化会、一九六二）は、江戸後期における北陸農民の関東・東北移住についてまとめた貴重な研究である。著者の竹内慎一郎は、当時、富山県下新川郡《しもにいかわ》入善町《にゅうぜんまち》の入善町中央公民館の館長を務めていた。

一九六一年（昭和三六）八月、竹内慎一郎は、現地調査のため茨城県行方郡《なめがた》の玉造町《たまつくりまち》、潮来町《いたこまち》を訪れた。玉造町手賀新田の調査を終えた竹内は、手賀新田のバス停から潮来行きのバスに乗り込んだ。途中、霞ヶ浦沿いに散村状の集落が見えた。隣にいた乗客に、「この集落は、家がとびとびになっているが、何かいわれがあるのですか」と尋ねると、次のように答えたという。

「わたしは、この集落のことは知りません。ただ、あなたが乗車した手賀新田のことは、よく知っています。新田の人たちは、むかし越中から移住したもので、自分のタンボのまん中に家を構えています。あの人たちは、みな浄土真宗で、絶対に宗旨を変えません。まわりの集落は他宗派なので、新田の人たちとは深い交際をしません。結婚もあの人たちの間だけでおこなっています。非常に勤勉で、団結心が強固な人たちです。」

このように教えてくれた乗客は、四十歳位の男性で、霞ヶ浦をはさんで手賀新田の対岸にある新治郡《にいはり》出島村《でじまむら》の住人だった。この男性は、手賀新田の農民が、越中からやってきたということを知っていた。集落が散村状になっていること、宗旨が浄土真宗であること、近隣の集落と交際がないことなども知っていた。

竹内の調査によれば、手賀新田の集落は、文政年間（一八一八〜一八三〇）に越中富山の城端《じょうはな》付近からやってきた移住民がルーツであり、集落が散村状になっているのは、砺波《となみ》平野の風習（散居村）を移植したものだった。竹内が、バスから見た散村集落も、たぶん、越中富山にそのルーツがあったのだろう。

手賀新田の場合、集落全体が、宗旨面も含めまわりの集落から孤立するという形になっていた。これもまた、一種の「村八分」と言えるかもしれない。なお、竹内によれば、こうした移住民の集落の子どもが、小学校などでいじめられ、つらい思いをすることがあったという。

第四章　村八分の歴史（明治大正期）

1　明治中期の「村はちぶ」と「村八分」

今回、この本を執筆していて感じたことだが、明治期の「村八分」の実態をつかむことは、意外にむずかしい。特に、明治の前期・中期の「実例」を探すのが容易でない。

民俗学者の中山太郎は、『日本若者史』の中で、「明治二十五年ごろ」（一九三二）に起きた「村はちぶ」の例を記している〔中山1930：p221〕。とりあえず、この例を紹介しておこう。

それは明治二十五年ごろの事であるが、隣村なる某氏（私の親友の兄で、私もよくその人を知っている）が村はちぶされたことがある（一六）。そして数年の間これを実行されて、かなり困却したようであったが、そのうちに調停者が現われて解決した。後で私が某氏から聴いたところによると、一切の買物は遠く離れた町へ出て弁ずるし、村の者に途中で遭っても横顔されるぐらいは辛抱もできるが、一番つらかったのは病人があっても医師の来てくれぬ事であった。これは絶交されている家へ医師が来ると、他の全部の家で依頼せぬのを恐れたためだということであった。

〔一六〕のところに「註」があって、「足尾鉱毒事件のために、村の決議に一人反対したためであった。」とある。制裁のキッカケ、制裁の内容は、ある程度つかめるが、記録としての価値は低い。いちばん問題なのは、「私の隣村」の名前が示されていないことである。

中山が生まれたのは栃木県梁田《やなだ》郡梁田村だが（町村合併前の梁田村である）、その隣村ということになると同郡の福富《ふくとみ》村ではないかと見当をつける。梁田村も福富村も渡良瀬川《わたらせがわ》に面している。足尾鉱毒事件に関して、福富村で何らかの決議がなされたことは、十分、考えられることだ。また中山の母親は福富村の出身であり、福富村に中山の知人がいた可能性は高い。

竹内利美《としみ》や神谷力《かみやちから》が指摘していたように、明治中期以降も、「近世行政村」に由来する「旧村」が維持されたとすれば、「村八分」の舞台は、そうした「旧村」であった可能性が高い。中山の知人が受けた「村はちぶ」というのも、おそらく、「旧村」から受けたものであろう。

ところが福富村というのは、一八七五年（明治八）に、南猿田《みなみさるた》、塩嶋《しおじま》、神明《じんみよう》、小生川《こぶかわ》の四か村が合併して成立した村であって、福富村自体は、近世以来の「旧村」というわけではない。中山の知人を「村はちぶ」にしたのは、これら四つ「旧村」のうちのどれかだろうと思うが、それ以上のことはわからない。そもそも、隣村が「福富村」でない可能性もある。

少し、視点を変えてみよう。神谷力の労作『家と村の法史研究』（御茶の水書房、一九七六）の四三四ページには、次の資料が紹介されている。人名が伏字（□□□□）になっているが、これは神谷によるものである。

明治三〇年三月愛知県額田郡宮崎村大字石原「村八分ニ関スル申合規約書」（抜粋）

宮崎村大字石原六十六番戸□□□□ナル者今回協議ノ上不得止《やむをえず》一対上ノ交際ヲ一切相断《あいたち》一決仕《つかまつり》候処相違《あいたがい》無之《これなく》万一密《ひそか》ニ交際スルモノアルト認ムルトキハ字内協議ノ上相当ノ処分ヲ執行ス

「村八分ニ関スル申合規約書」とあって、「村八分」という言葉を使っている。□□□□なる人物に対し、「村八分」（交際ヲ一切相断）が実行されたことがわかる。ただし、制裁の事由などはハッキリしない。

資料の見出しに「額田《ぬかた》郡宮崎村大字《おおあざ》石原」とあるが、額田郡宮崎村は、一八八九年（明治二二）一〇月に、河原、亀穴、石原、中金《なかがね》、大代《おおじろ》、雨山《あめやま》、明見《みょうけん》の七か村が合併し、あらたに成立した「新村」である。ここで「大字石原」とあるのは、旧「石原村」地区を指している。すなわち、この「村八分ニ関スル申合」は、「大字石原」という旧村（神谷のいう「生活共同体としての村」）によって作られた文書である。

『家と村の法史研究』の四三一ページには、明治二〇年一月愛知県額田郡石原村「村内へ不突合事実上申書」（抜粋）という資料も紹介されている。「不突合《つきあわず》」（不付合）は、絶交の意味であろう。制裁の事由は「規約書へ未夕《だ》調印不仕《つかまつらず》候ニ付」というものらしい。引用はしないが、これもまた「村八分」関係の資料である。

まだ町村合併前の資料なので、「額田郡石原村」となっている。なお、『家と村の法史研究』は、このあと、**第五章**第2節でも援用することになる。


一八八七年（明治二〇）、一八九二年（明治二五）、一八九七年（明治三〇）と、三件の資料を紹介したが、いずれも、「事例」として十分なものではなかった。次節では、分析・検討の対象になるような事例を紹介したい。

2　明治後期に下北半島で起きた「村はずし」

次に紹介するのは、明治後期に、下北半島の田名部《たなぶ》町で起きた「村はずし」で、明治半ばから大正初年まで、二十年以上に及んだ事例である。笹澤魯羊《ろよう》は、この事例について、「村はずし」という言葉を使っているが、その制裁の内容から見て、この言葉は、絶交（村八分）と同義と捉えてよいだろう。

典拠は、笹澤魯羊著『宇曽利《うそり》百話』（下北郷土会、一九五三）。下北半島のカシラ文字を取って、事例しとする。

事例し　青森県下北郡田名部の山木半次郎は、小間物の行商を振り出しに、本町《ほんまち》に木綿雑貨の店舗を構えるまでになった新興商人だった。一八七五年（明治八）年以降は、京阪から木綿・雑貨類を直接、仕入れるなど、盛業を誇っていた。たまたま一八九〇年（明治二三）一〇月一四日夜、同家の付近から出火し、一九六戸を焼失する大火事が発生した。かねて山木の成功を嫉視していた旧勢力は、山木が火元であると警察署に申立て、警察署も山木が火元と認めて、検事局へ廻した。山木はこれを不服として裁判となり、その結果、山木は証拠不充分で無罪となった。

ここから、山木とその一家に対する「村はずし」が始まった。その内容は、「頑冥酷薄の限りを尽したもの」であって、店の前に見張人を出して、やってくる客を威嚇する。夜分に墓石を持ち来って、店の前へ並べる。玉子の殻に墨汁を詰め、戸に叩きつける。糞尿を汲みきたって、戸に塗りつける等々。祭礼の山車《だし》は、同家の前は、筵《むしろ》を張って通ったという。

迫害は親類縁者にまで及んだ。二女じゅん子のムコは暇を貰って実家に帰り、三女きよ子は嫁入り先に乳呑み子を残して戻ってきた。四女よし子は川内村に縁付いていたが、そこにも迫害が及んだという。孫三人は、小学校で日々迫害をこうむり、ついに東京の学校へ転校した。

こうした「村はずし」は、明治の末まで続いたが、一九一三年（大正二）、田名部小学校再建築の寄附金募集に際し、田名部町長・菊池門五郎が、みずから山木家を訪ね、金五百円の寄附を受納した。これがキッカケとなって、同家に対する村はずしは解消したという。

この事例から、「村八分」（ここでは「村はずし」）の制裁は、「頑冥酷薄の限りを尽したもの」になりがちなこと、長期にわたって続くこと、家族や親類縁者にまで制裁が及ぶこと、などがわかる。しかし、この事例で注目しなければならないことは、むしろ、以下の諸点だと考える。

第一に、この「村はずし」は、商家に対する制裁であったという点である。山木半次郎は、田名部の目抜き通りに店を構える新興商人だった。だとすれば、この事例は、「村はずし」と呼ぶよりは、「町はぶき」と呼ぶべきかもしれない。

いずれにせよ、「村八分」や「村はずし」は、農村部で起きるとは限らない（事例お参照）。ちなみに、青森県田名部村は、一八八九年（明治二二）の町村制施行によって、他の三村と合併して、あらたに「田名部村」となり、その後の一八九九年（明治三二）に「田名部町」となっている。「村はずし」の舞台は、おそらく「旧村」としての田名部村だったと思われる。

次に注目したいのは、この「村はずし」の背景に、旧勢力の存在があった点である。「火事の火元」が山木半次郎の家だったのかどうかは、何とも言えない。しかし、それを主張したのが、山木の成功を嫉視していた旧勢力（旧商人ということだろう）に注意する必要がある。「村はずし」の中心になっていたのも、当然、こうした旧勢力だったと思われる。山木が「村はずし」の対象になったのは、彼が、明治の近代化の過程で成り上がった新興商人だったということと無関係ではないだろう。

第三に、山木半次郎は、「火事の火元」とされたことについて、裁判で争った。その結果、「無罪」を勝ちとったことから、「村はずし」が始まった。この手の争いでは、当事者の一方が、公的な形で是非を争ったり、司法的な救済を求めたりすることで「共同体」のウラミを買い、制裁発動のキッカケになることが多い（同じことは、事例うでも見られた）。

その四。この「村はずし」は、山木半次郎が小学校の建築費金五百円を寄付したことで、解消したという。この際に、田名部町長が、「村はずし」をしている側と山木の間に入って、何らかの「調停」をおこなった可能性、あるいは「和解」の場を設定した可能性があるが、『宇曽利百話』は、この点について記していない。

その五。笹澤魯羊によれば、この「村はずし」の際、中島清助・白浜繁太郎の両商家のみは、「局外中立」を保ったという。この「村はずし」は、「共同体」の成員すべての賛同を得たものでもなく、すべての成員を巻き込んだものでもなかった可能性がある。むしろ、一部の成員の主導により、強引に実行されたものではなかったか。

3　明治後期に由利郡で起きた「村離し」

木内勇吉著『猿倉人形遣い独り語り』（秋田文化出版社、一九八七）という本がある。猿倉人形芝居の伝承者として知られる木内勇吉さんの自伝である。この本の最初のほうに、木内勇吉さんの生家が、明治後期に「村離し」という制裁を受けた話が出てくる。

木内勇吉さんは、一八九九年（明治三二）、秋田県由利《ゆり》郡小友《おともむら》村万願寺新田の木島家に生を受け、そこで育った。ただし事情があって、由利郡鮎川村の木内家の戸籍に入ったという。

勇吉さんが生まれ育った小友村の木島家が、ある出火事件を機に、「村離し」の対象になった。「村離し」は「むらばなし」と読み、「村八分」の異称のひとつである。由利郡のカシラ文字を取って**事例ゆ**とする。典拠は、『猿倉人形遣い独り語り』三一～三九ページ。文中、「ムラ」としたところがあるが、原文では「村」である。

事例ゆ　明治三〇年代後半のある年の一二月一〇日（旧暦）のことだった。深夜、秋田県由利《ゆり》郡小友《おともむら》村の豪農・村上三郎治の家の作業小屋から出火し、三郎治の家、勇吉の家（木島家）など四軒が焼ける事件が起きた。本荘警察は、これは放火であり、犯人は三郎治の家に怨みを持つ者と見た。

これより先、三郎治の息子・竹治の妻が幼女を残して亡くなるということがあり、後妻を探していた。これを聞いた勇吉の祖母は、生家に出戻っていたフジヱ（勇吉の父・儀一郎の姉）を紹介し、話をまとめた。しかし、村上家に嫁したフジヱは姑《しゅうとめ》と折合いが悪く、離縁されることになった。三郎治の家からフジヱの荷物が運び出されたのは、折しも出火事件の直前だったという。

三郎治は、最初から、勇吉の祖母による放火と決めてかかっていた。そのうち、当日の夜、勇吉の祖母らしい者が三郎治の家の作業小屋に向かうのを見た、と証言する者まであらわれた。祖母は、本荘警察に連行され、激しい拷問を受けた。祖母は、まったく身に覚えがないと言い続けたが、警察は、勇吉の父・儀一郎を連行し、祖母の前で拷問を繰り返した。これを見るのがわが身を殺されるより辛かった祖母は、「放火した」と偽りの白状をしてしまった。

勇吉の一家（木島家）は、ムラを騒がせたということで、当時の金で二百円の罰金をムラに取られたうえ、向こう五年間は「村離し」と決められた。ムラの山では「草も薪木も」採ることができない、「村祭りに加入することもだめ」、「祝儀や葬式の出入りも一さい断つ」という厳しい制裁であった。さらに祖母は、「一年間本荘警察の拘置所に置かれて働かされた」という。

この事件にショックを受けた父・儀一郎は、放心状態となり、今日でいう統合失調症となった。その時代のことで、「狐がついた」などと噂された。そこへ、祖母が、「刑期」を六か月で終えて戻ってきた。祖母は、「えたこ」（イタコ）や祈禱師を頼むなどして手を尽くしたので、父の症状も、ようやく落ち着いてきた。

当時、勇吉は七歳だった。父に狐がついたというので、子どもたちから「つき」というあだ名をつけられ、イジメられた。また、一家に同居していた与市（祖父の弟）が亡くなったとき、ムラの者は、誰ひとりも手伝いに来なかったという。

一九〇六年（明治三九）一二月、木島家の作業小屋が火事になった。ほかの家でも米を盗まれる被害が続いた。畠山幸之助という駐在巡査は、作業小屋が火事になったのは、米を盗んだことを隠すための放火ではないかと睨んで捜査を進め、ついに犯人を捕らえた。犯人は、以前、村上三郎治の作業小屋を放火したことも自供した。これによって、勇吉の祖母の嫌疑は晴れた。ムラに払った罰金二百円は返されたものの、売った田畑を買い戻すことはできなかった。

わかりにくい事件である。まず、最初の出火事件の年が、よくわからない。木内勇吉は「明治三十二年旧正月十六日」生まれだという。西暦では一八九九年である。勇吉の一家が「村離し」になったのは勇吉が七歳の時とあるが、七歳は「数え」であろう。だとすれば、一家が「村離し」になったのは明治三十八年で、最初の出火事件は明治三十七年暮（旧暦）ということになるが、断定は避けたい。

次に、木島家を「村離し」にしたムラとは、何を指すのだろうか。木内勇吉が生まれた木島家の住所は、秋田県由利郡小友村万願寺新田だったという。由利郡小友村は、一八八九年（明治二二）四月に、荒町、万願寺、三条、南ノ股、北ノ股、金山、大沢、館前、大中ノ沢《おおなかのさわ》、二十六木《とどろき》の十か村の合併によって成立した。木島家を「村離し」にしたムラとして、最も可能性が高いのは、万願寺旧村であろう。しかし、これも断言はできない。万願寺旧村内の小集落による「村離し」であった可能性も否定できないからである。

このムラ（たぶん万願寺旧村）には、村掟《むらおきて》・村極《むらぎめ》などの村法《そんぽう》があったのだろうか。これも、よくわからない。村法があったとして、そこに「村離し」あるいは「罰金」（過料）に関する規定があったかどうか。なお、木島家がムラに支払った「罰金二百円」は、法的には何の根拠もなく、拒否することができた制裁だったと考える（木島家に、その意思はなかったと思うが）。

なお、祖母が「一年間本荘警察の拘置所に置かれて働かされた」とあるが、この措置がよくわからない。たぶん本荘警察は、祖母は自供を得たものの、刑事事件としての立件を断念し、拘置所内で働かせるという不可解な措置をとったのではあるまいか。だとすれば、これは、公権力による「私的制裁」である。

小友村の事例は、明治後期に下北半島の田名部で起きた「村はずし」事例（事例し）に似たところがある。ただし、ひとつ大きな違いがある。――田名部の「村はずし」の場合、その対象となったのは「新興」の商人であった。一方、由利郡小友村で起きた「村離し」の場合、その対象となった木島家は、鎌倉時代から続く「旧家」であり、その木島家を村離しに追い込んだ村上三郎治は、「貧家から叩き上げた」新興の豪農であった。

なお、『猿倉人形遣い独り語り』という本があること、そこに「村離し」の話が出てくることは、小松和彦氏の論文「村はちぶをめぐるフォークロア」（『悪霊論』所収、青土社、一九八九）

を読んで知った。できれば、小松氏の同論文もあわせて参照していただきたい。

4　大正期に国東半島で起きた「組ハズシ」

続いて、大正期に大分県で発生した「組ハズシ」の事例を見てみよう。この事件は民事裁判となり、大審院にいたって決着した。「組ハズシ」というのは、大審院の判決文が引用の形で使っている言葉で（原文の表記は「組外ツシ」）、大審院自身は「絶交」という用語を採用している。事件は、一九一八年（大正七）に、大分県東国東《ひがしくにさき》郡の某村で発生した。国東半島のカシラ文字を取って**事例く**とする。典拠は、『大審院民事判決録』第二七輯一二六〇〜一二八三ページ。

事例く　大分県東国東《ひがしくにさき》郡某村のN区の住民は、同じN区の住民である小玉貞次氏を「組ハズシ」（絶交）した。N区を通る道路計画があったにもかかわらず、小玉氏ひとりが道路予定地の提供を拒み、その結果、計画が取り消されたというのが、「組ハズシ」の理由であった。

この「組ハズシ」は、一九一八年（大正七）六月から一九一九年（大正八）四月ごろまで続いた。「組ハズシ」を受けた小玉貞次氏は、損害賠償を求める民事裁判を起こした。一審は杵築《きつき》区裁判所、二審は大分地方裁判所で審理された。大分地方裁判所は、本件の「絶交」は、人の自由と名誉を害する不法行為であるとし、小玉氏の損害賠償請求を認めた。「絶交」をおこなった側は上告したが、一九二一年（大正一〇）六月、大審院は、この上告を退けた。

上告人の訴訟代理人は、道路問題における小玉氏の態度が、区民の憤激を買った点を強調したが、この主張は容れられなかった。判決文には、こうある。

「……苟《いやしく》も上告人等が原判示のごとき行為を以て被上告人〔小玉貞次氏〕の自由および名誉を害したる以上は、被上告人が上告人等およびその他の部落民と親交するの意思を有したると否と、また親交するに足るべき行動を執りたると否とを問わず、不法行為を構成するものなれば……」

小玉氏にN区住民と親しく交際する意思があるのかないのか、N区住民と親しく交際するにふさわしい行動を小玉氏がとったのかとらなかったのかという問題と、N区住民による不法行為という問題とは別問題である。——これが大審院の論理であった。

判決文には、郡名も村名も出てこない。しかし、「N区」が実名で出てくるので、郡名、村名とも推定は難しくない。ここでは、郡名のみを明らかにし、村名は伏せた。「N区」もイニシャルとし、実名を伏せた。ちなみに、小玉貞次氏は、判決文でも、敬称付きの「小玉貞次氏」となっている。

ここに出てくるN区は、明治中期の町村合併以前には、「N村」だった。旧藩時代には、豊後杵築藩八十村二浦のうちの一村であった。すなわち、小玉貞次氏に対する「組ハズシ」は、「N区」と称されていた「旧村」、すなわち、「近世に由来するムラ」によってなされたということになる。

なお判決文には、「部落」という言葉が出てくる。「N区」に対する呼称である。「近世行政村」に由来する「旧村」が、部落と称されている例と言えるだろう（第一章第5節参照）。参考までに、この大審院判決の「判決要旨」を引用しておこう。

「一　部落民中、甲が乙に対し、多数の者と協同して絶交し、以て社交上活動し得《う》べき自由を妨げ、かつ乙を社交上より擯斥《ひんせき》して、その社会よりの享《う》くべき声価を受くることを得《え》ざるに至らしむるが如きは、故意を以て人の自由及び名誉を害したるものにほかならざるを以て、民法七百九条及び七百十条により不法行為を構成し、甲はこれがために乙の受けたる精神上の損害を賠償するの責任あるものとす」

この大審院判決から、一〇〇年が経った二〇二一年（令和三）五月、同じ大分県で「村八分」事件に関する民事裁判の判決があり、「村八分」を受けた側が勝訴した。第二章第1節で見た通りだが、その不思議な「暗合」に驚かされる。

5　大正期に秋田県で起きた「絶交」事件

もうひとつ、大正期に起きた「絶交」事件を見てみよう。この事件も裁判となり、大審院までもつれこんだ。秋田県平鹿《ひらか》郡山内村《さんないむら》で、一九二三年（大正一二）に起きた「絶交」事件である。

「絶交」というのは、あくまでも判決文の表現であり、その地域で、「絶交」に相当する制裁を何と呼んでいたかは不明。

山内村のカシラ文字を取って、事例さとする。典拠は、『大審院刑事判例集』第六巻三六一〜三六四ページ。

事例さ　一九二三年（大正一二）七月に、秋田県平鹿郡山内村にある戸数二十七のF区で起きた。F区の住民甲は、F区内で材料を調達して河川の工事をおこなっていた業者Iから工事用の木材をもらいうけ、それを用いて三俵分の木炭を製造した。

F区の住民Xは、この事実を知って憤慨し、区長のMに区会を召集するよう要請した。各戸から一名が小学校に集められ、区会が開かれた。その席上で住民Xは、住民甲を激しく叱責した上、甲を区から「絶交」すべき旨を主張した。合議の結果、甲は区から「絶交」されることになった。

「絶交」を苦にした甲は、実兄である乙に相談した。乙は、区の住民一同に呼びかけて、区内の住民丙のところに集まってもらい、その席で甲に謝罪させ、かつ、絶交の解除を懇願させた。区の住民の大半は、絶交解除に賛成したが、住民Xは強くこれに反対し、甲に「金二三百円」を出させなければ絶交の解除はできないと甲や乙を畏怖させた。また、甲に出金させることに反対する住民があれば、その住民も甲と同じく、絶交にすべきだと主張し、住民たちを畏怖させた。

結局、甲はその場で、「金百円」を支払った。この金は、のちに二十七等分されてF区の各戸に配られた。甲もまた、二十七分の一を受けとった。

一審は秋田地方裁判所横手支部で、二審は宮城控訴院で争われた。宮城控訴院は、住民Xが住民甲を畏怖させて金員を交付させたことは、刑法第二四九条の「恐喝罪」に当たるとした。住民Xはこれを不服として上告したが、大審院はこれを退けた。

当初、「金二三百円」の出金を主張していた住民Xが、「金百円」の出金で納得した事情はよくわからない。これは憶測になるが、甲および乙は、住民丙のところで開かれた集会の際、和解金として「金百円」を持参していたのではないか。「金二三百円」の出金を主張した住民Xに対し、その「金百円」を示したため、その金額で事態を収拾できたのではなかったか。

判決文は、たいへん簡潔なもので、事件の詳しい経緯などはわからない。しかし、工事業者Iが住民甲に工事用の木材を提供したこと、住民甲がその木材で木炭を製造し私物化したこと、そのことを別の住民Xに咎《とが》められ、区会で「絶交」の処分を受けたこと、などの事実を読みとることができる。

平鹿郡山内村は、一八八九年（明治二二）四月、三ツ又村、南郷村、筏《いかだ》村、黒沢村、小松川《こまつかわ》村、大松川《おおまつかわ》村、平野沢《ひらのさわ》村、土淵《つちぶち》村、大沢村の九か村が合併して成立した。しかし、F区の名前は、これら旧村の名前と一致しない。F区は、旧「大松川村」に含まれる一集落である。F区の戸数は二十七戸と、比較的多い。近代に入って戸数が増え、新たに区として発足したのだろうか。なお、判決文は、このF区のことを「部落」と呼んでいる。

判決文を読んでいて、いくつか疑問を抱いた。そもそも住民甲が業者Iから木材をもらったことが、それほど重大な問題なのか。住民Xは、住民甲がもらった木材で三俵分の木炭を作ったことを知ったとき、これを業者Iに返還するよう忠告することもできたし、その木炭を集落の各戸に配るよう忠告することもできたはずである。そうすることなく、住民Xは、この問題を区会の議題とし、その結果、住民甲は「絶交」処分に付された。ここには、区会の運営、あるいは「絶交」という制裁が、きわめて恣意的になされている情況が看取できる。

また、住民甲が実兄の乙に「絶交」の苦しさを訴えたため、乙は（乙が、この集落の住民だったか否かは不明）、住民丙のところにF区の住民を集め、甲に対する「絶交」の解除を訴えたという。乙が呼びかけたこの会合は、区会としての要件を満たしているものとは思えない。しかし結果的には、この会合の席で、区として甲に「金百円」を出金させることが決まっている。区会の運営が、無原則・無定見に流れている中で、「絶交」という制裁が独り歩きし、住民たちを縛りつけている情況が見てとれる。

かつて歴史学者の中村吉治《きちじ》は、次のように述べたことがあった〔中村1957：p173〕。

基本的には独立してきた農民が、感情や行事や祭の面で村意識をもっているようなときに、祭の仲間から除外するというごとき村八分が可能となる。農業をやめさせたり、学校へゆかせなかったりはできない。ところが、そういう行事・慣習の面で感覚的な強さがあるから、村八分は苦痛を与えるのである。

中村吉治の学説については、第六章第４節で紹介するが、このF区の事例などは、右の中村の指摘を知った上で読み直すと、理解が深まるように思う。同様のことは、事例し、事例ゆについても言える。

＊

◉コラム……軽きは期限付き除席、重きは無期限除席

江戸期の村は、その内部にさまざまな組織・集団をかかえていた。子供組、若者組、戸主組、娘組、嫁組、主婦組、等。これらのうち、明治以降も存続し、ムラ（村または旧村）で重要な役割を担うことになったのは若者組だった。ムラの若者組は、明治中期以降、民間消防団が結成されてゆく際に、その基盤となったという。

中山太郎の『日本若者史』（春陽堂、一九三〇）には、「福井県三方《みかた》郡三方村若者中規則《じゅう》」（明治十四年改正）というものが引用されている。その「第四章　消防組の事」に、次のような条文がある。

「第一条　若者へ加入したる上は仮令《たとい》若年と雖《いえど》も火防兵なるを以て退役と雖差別なく満三十五歳

以下の者を結びて火防組とす
第三条　消防小屋に照し有《ある》人名之者出火毎《ごと》に屹度《きつと》参集するは勿論なり雖然《けれども》無拠《よんどころなき》事故あらば其事由を以て願ふべし」

この規定などは、明治以前の若者組が民間消防団に移行してゆく過渡的な状況を示しているものと言えよう。

この「三方村若者中規則」には、このほかにも興味深い条文がある。それは、「第二章　行事勤めの事」にある次のような条文である。

「第三条　社員社中又は其他に而《て》悪言悪事を犯したる者は其罪の軽重を取糺《とりただし》協議の上軽きは日数を切つて除席し重きは無限除席を申付《もうしつけ》候事
第四条　社長集会状を廻したる上は其記載の時限に出頭するは無論なり若《もし》該定時に一時間以上相滞《あいとどこおり》候節は其事由を取糺候尚二時間以上遅延し候上は第三条に照し罰則を申付候事」

「悪言悪事」を犯したり、集会に二時間以上遅刻したりすると、期限付き除席、あるいは無期限除席という処分を受けることになっていたようだ。

この「規則」の文体は、近世以来の「候文」である。しかし、「第何条、第何条」と並べてゆく形式は、明らかに「近代」のものである。明治以前に、この「規則」の原型が存在していた可能性もあるが、その原型よりも詳細で系統的な規定になっていると見てよいだろう。

近世の若者組における「制裁のしくみ」は、こうした形で、明治以降も生き残り（むしろ「進化」を遂げ）、ムラ（村または旧村）の若者たちを拘束し続けた。明治のムラ社会に拘束されたのが「若者」に限らなかったことは、あえて言うまでもない。

なお、福井県三方郡三方村は、一八八九年（明治二二）四月の町村合併で姿を消した。すなわち同村は、向笠《むかさ》、田名《たな》、北前川、南前川、藤井、相田、佐古《さこ》の七か村と合併し、三方郡八村《やむら》の一部となったのである。

第五章　村八分の歴史（昭和期）

1　昭和初年に羽咋郡で起きた「村八分」

本章では、昭和期に起きた「村八分」の事例を四つ紹介したい。これらの事例を分析・検討しながら、「村八分」の本質に迫ってゆければと考えている。

最初に紹介する事例は、昭和二年に石川県羽咋《はくい》郡の鉈打村《なたうちむら》で起きた「村八分」である。この事例は、民俗学者の中山太郎が「民俗の改廃が生むだ特殊の犯罪」という論文（初出一九三二）で紹介し、広く知られることになった。

ここでは、大審院の判例をもとに事件を再現してみる。羽咋郡のカシラ文字を取って、事例はとする。典拠は『大審院刑事判例集』第七巻五三三～五四七ページ。なお、事例中では、集落およびの壮年団の名前をAとし、関係者の「姓」を伏せる。

事例は　石川県羽咋郡鈍打村にあるA集落の久三郎は、その集落のA壮年団から除名されている状態にあった。集落の壮年団員である五右衛門、万四郎、久松は、一九二七年（昭和二）九月、その久三郎に雇われ、薬草の採取に従事した。また、同じく団員であった長五郎は、親戚から頼まれ、薬草を久三郎まで届けた。

このことを知ったA壮年団の団長・栄松は、一〇月九日、六十余名の団員をA壮年団倶楽部に集め、五右衛門、万四郎、久松の三名を呼び出した（長五郎は無断欠席した）。

団長の栄松ら四名は、同日午後六時から翌一〇日午前二時まで、五右衛門ら三名をムシロの上に正座させ、久三郎に雇われたことを難詰し、「団則ニ違背シタル団員ニ対シテ之ヲ除名シ又ハ罰酒料ヲ交付セシムルコト」という「団則」に基づいて、壮年団に対して「罰酒料」という名目で金員を支払うことを承諾させた（同月二〇日、三名は、栄松に金員を渡した）。

さらに、一〇日の午前三時、栄松ら四名は、欠席した長五郎を集会の場に連れ出し、ムシロの上に正座させた上で、久三郎に薬草を届けたこと、集会に無断欠席したことを難詰し、A壮年団から除名する旨を通告した。

この事件は、刑事事件として立件された。一九二八年（昭和三）八月、大審院第一刑事部は、栄松らが五右衛門ら三名を難詰し違約金を支払わせたことは「恐喝罪」（第二四九条第一項）に当たり、栄松らが長五郎を呼び出して難詰し除名の通告をおこなったことは「脅迫罪」（刑法第二二二条）に当たると判示した。

この判決は、被告側の上告を棄却したもので、二審の金沢地方裁判所が言い渡した刑が確定した。四名の被告（栄松・政吉・幸林・松太郎）のうち、栄松・政吉・幸林の三名に対しては懲役三月（執行猶予二年）、松太郎に対しては懲役二月（執行猶予二年）の刑であった。

大審院判決を読んでみたところ、かなり複雑な事例であった。何回も読み直して、ようやく事件の概要をつかんだ。

この「村八分」事件とその判例に関しては、検討しなければならない問題がいろいろある。第一に、「村八分」の舞台になった「A集落」をどう位置づけるかという問題。第二に、同集落の「A壮年団」をどう位置づけるかという問題。第三に、「A壮年団」が定めていたという「団則」をどう捉えるかという問題。第四に、大審院が当該の「団則」に対してどのような判断を下したかという問題。第五に、大審院が当該の「村八分」事件にどのような法律を適用したかという問題。思いついただけでも、これだけの問題がある。

第一に、「A集落」の位置づけだが、これは、一八八九年（明治二二）の町村制施行以前の「旧村」（近世に由来するムラ＝「村落共同体」）にあたる。ちなみに、鉳打村は、同年四月に、大《おお》平《だいら》・古江・上畠《うわばたけ》・河内《かわち》・鳥越・町屋・北免田《きためんでん》・西谷内《にしやち》・藤瀬《ふじのせ》の九か村が合併して成立した。Aは、これら九か村のうちのひとつである。なお判決文には、「石川県羽咋郡鉳打村字《あざ》A」という文言がある。

第二に、「A壮年団」の位置づけだが、その団員は、各戸の戸長だったと思われる。だとすれば、A壮年団は、事実上、A集落の中枢機関と位置づけてよいだろう。事実、A壮年団は、「A壮年団倶楽部」という自前の施設を持ち、そこで集会を開いたり、議決をおこなったりしている。また、成文の「団則」（壮年団の規約）も定めていたという。

第三に、「A壮年団」が定めていたという「団則」をどう捉えるかという問題、そして大審院がこうした「団則」に対してどのような判断を下したかという問題だが、これは、少し込みいった問題なので後回しにし、第四の、大審院がこの「村八分」事件に対して、どのような法律を適用したのかについて見てみたい。

大審院判決は、団員三名に金員を支払わせたことは「恐喝罪」に当たり、団員一名に除名の通告をおこなったことは「脅迫罪」にあたるとした。当時の刑法では、恐喝罪（二四九条第一項）に対しては「十年以下ノ懲役」、脅迫罪（二二二条）に対しては「二年以下ノ懲役又は百円以下の罰金」が科せられた。脅迫罪よりは恐喝罪のほうが、刑が重い。

一方、この壮年団の団則においては、「除名」が最も重い制裁であって、「酒料支払ヒ」はそれよりも、数段、軽い制裁として位置づけられていた。国家の法体系と「ムラの掟」とでは、根本的に論理が異なっていたということになろう。

また、この事件では、刑法の恐喝罪、脅迫罪のほかに、「暴力行為等処罰ニ関スル法律」が適用されている。「暴力行為等処罰ニ関スル法律」は、一九二六年（大正一五）四月一〇日に公布施行された法律で、その第一条には「団体若《もし》ハ多衆ノ威力ヲ示シ」、第二条には「面会ヲ強請《きょうせい》シ又ハ強談《ごうだん》威迫ノ行為ヲ為シ」という字句がある。大審院判決は、壮年団が五右衛門らに対し、多衆の威力を示し、強談・威迫をおこなったと捉えたのである。

ちなみに、この法律の立法趣旨は、「暴力団」の暴力行為を取り締まるというものだったが、制定後は、労働運動や小作争議を弾圧する手段として使われるようになったという〔礫川2008：p244〕。いずれにしても、同法が、こうした「村八分」事件にも適用されていた事実は、これまで、あまり注目されてこなかったように思う。

ちなみに、大門正克《おおかどまさかつ》著『近代日本と農村社会』（日本経済評論社、一九九四）によれば、一九二〇年代は各地で小作争議が多発した時期だったが、そうした小作争議の際に、小作人が団結し、地主を「村八分」にするケースがあったという〔大門1994：p104〕。

第三の「団則」をめぐる問題については、節を改める。

2　大審院判決と「部分社会」の法理

本節では、壮年団の「団則」をどう位置づけるかについて考察する。かなり込みいった話になるが、「村八分」の研究課題とも関わる重要な問題なので、避けて通れない。しばらく、ご辛抱を乞う。

第三章第5節で、近世の行政村には、成文の村法《そんぽう》を持つものがあったと述べた。そうした村法に相当するものは、明治以降のムラ＝「村落共同体」でも制定された。ただし、近世の村法が、そのまま継承されたというわけではない。近代に入って、新たな形で制定されたのである。このような村法は、「近代村法」と呼ばれている。

法社会学者の神谷力《かみやちから》（一九二三〜二〇一四）は、主著『家と村の法史研究』の第六章で、「近代村法」を次のように定義している〔神谷1976：p403〕。

本章で考察の対象とする近代村法とは、この明治期の「生活共同体としての村」が、その主体となり、または連合して、共同生活秩序の維持、存続を図るために、集団内部の議決機関によって議定された成文の規約をさす。本章では、それが村掟、村規約、組定《くみさだめ》などと一般に呼称されていても、共同体的性質をそなえた「生活共同体としての村」の意思決定機関、すなわち寄合、組長・伍長会、評議員会などの村内部の私的な議決機関であれ、村会、区会、区総会などの村方の公的な意思決定機関であれ、それらによって議定された成文の確定した規範を研究の対象とする。

近代村法の中には、「村八分」などの制裁について定めたものもあった。ただし、数は少ないという。神谷が挙げている例を引いてみる〔神谷1976：p431〕。

明治一六年一月愛知県額田郡鷲田村北鷲田「部内申合規約」（抜粋）
第一条　博奕諸勝負ヲナシ処刑セラレタル者ハ満期ノ後一カ年間村内一同親戚共交際ヲ切断ス其ノ宿ヲナシタルモノハ一カ年ヲ加フ
第二条　詐欺取財及ヒ窃盗又ハ強盗犯ノ刑ニ処セラレタル者ハ無期村内一同親戚共交際ヲ切断ス

「交際ヲ切断ス」という表現がある。「絶交」すなわち「村八分」に関する条項である。資料の見出しに、「額田《ぬかた》郡鷲田《わしだ》村北鷲田」とある。一八八三年（明治一六）当時、北鷲田村は、まだ独立した村だったので、「鷲田村北鷲田」は、「鷲田村・北鷲田村」を意味しているか。ちなみに、北鷲田村の成立は、江戸初期に遡るという。

さて、鉈打《なたうち》村事件についての大審院判決を読むと、A集落のA壮年団は、成文の「壮年団ノ規約」（団則）を持っており、そこには「団則ニ違背シタル団員ニ対シテ之ヲ除名シ又ハ罰酒料ヲ交付セシムルコト」という条項が含まれていたことが看取できる。

この「壮年団ノ規約」の全体像は、残念ながら不明だが、これが神谷力の言う「近代村法」であったことは間違いない。しかもそれは、「除名」、「罰酒料」などの制裁に関する条項を含んでいた。だとすると、このA壮年団の団則の「法的な効力」という問題が、この裁判における争点のひとつにならざるをえない。

では、この裁判で大審院は、A壮年団の団則の「法的な効力」という争点について、どのように判示したのだろうか。判決文の一部を引いてみる。原文は、句読点なし、濁点なしのカタカナ文だが、引用者の責任で、読みやすいように書き直した。

按ずるに、一定の社交団体において、その会員に対し規約の違背を理由として、規約の定むる所に従い、除名その他の処分をなすことは、団体の自衛上当然の措置にして、あえて該会員の権利を侵害したものと謂《い》うべからざるを通常とするものなれども、しかれども一定の地域において共同生活をなせる人類の集団があい結束し、これを社会的・道徳的感情に照らして正当と認むべき理由あるにあらざるにかかわらず、些少の事由を口実となし、集団中の特定人に対して、将来一切の交際を謝絶し、ひとり往来・存問《そんもん》・吉凶あい慶弔《けいちょう》することを杜絶するのみならず、必要なる生活資料の有無あい融通すること、緩急あい救助することをも絶対に遮断することを目的とする、通俗にいわゆる「村八分」また「町省き」の処分をなし、これを通告するがごときは、その特定人の人格を蔑如《べつじょ》し、共同生活に適せざる一種の劣等者を以て待遇せんとするものなれば、個人の享有する名誉を侵害する結果を生ずべき害悪の通告にほかならずして、その通告の受領者を畏怖せしむるに足るものと謂うべく、たといその通告する害悪が、刑法上の名誉棄損罪の構成要件を欠くがため同罪の成立を見ざるも、その行為の脅迫罪を構成する妨げとならず。しかりしこうして、絶交の通告を受けたる者が、通告者等との間における契約に違反し、契約の違反者に対して絶交の処分をなすべき特約の存したる場合においても、なおかつ絶交をなすべき正当の理由の有無を判じて、その絶交通告の違法性を有するや否を判定すべきものにして、単に特約あるの一事により、右通告の違法性が除却せらるるものと謂うを得ず。

書き直しても、やはり理解しにくい難文である。ただし、傍線を施した部分は、比較的、意味が取りやすいように思う。

判決は、A壮年団を「社交団体」と位置づけた。そして、社交団体が、その規約に基づいて、「除名」などの処分をおこなうことを、「団体ノ自衛上当然ノ措置」として是認した。ただし、「村八分又町省ノ処分ヲ為シ之ヲ通告スル」がごときは、刑法上の罪を構成するのであって、この場合、たとえ社交団体の規約に「絶交」に関する「特約」があったとしても、その違法性が退けられるわけではない。――大審院は、このように判示したのである。

この裁判で被告弁護側が展開している議論は、「部分社会論」と呼ばれているものに相当する。部分社会論とは（近年では「部分社会の法理」と呼ばれることが多い）、議会、政党、労働組合、学校など、自律的に法秩序を構成している社会（部分社会）に対しては、特別の事情がない限り、司法権が及ばないとする法理論である〔雪丸2007：p55〕。

大審院は、A壮年団が自律的に法秩序を構成している社会であることを、原則としては認めている。ただし、「村八分又町省ノ処分ヲ為シ之ヲ通告スル」がごとき制裁は、司法審査の対象とならざるをえないと判示し、被告弁護側の主張を退けたのである。

この判決より前、一九二〇年（大正九年）一二月一〇日の大審院判決にも、「部分社会論」に関わる言及がある。ただし、「近代村法」（A壮年団の団則）の効力をめぐって「部分社会論」の当否が争われた裁判は、この鈍打村事件が最初だったのではあるまいか。

3　投書から始まった富士郡の「村八分」

戦後の一九五二年（昭和二七）、静岡県富士郡上野村で、「村八分」事件があった。この事件の発端は、参議院補欠選挙の際におこなわれた組織的な替玉投票だったが、その後に同村で発生した「村八分」のほうが、ずっと大きな社会問題になった。

このため、この事件の呼称は、「静岡県上野村不正投票事件」ではなく、「静岡県上野村村八分事件」という形で定着することになった。富士郡のカシラ文字をとって**事例ふ**とする。典拠は、石川さつき著『村八分の記――少女と真実』（理論社、一九五三年二月）。

事例ふ　一九五二年（昭和二七）五月六日、静岡県で参議院補欠選挙が実施された。この選挙の際、同県富士郡上野村で組織的な替玉投票がおこなわれた。この不正が明らかになったのは、朝日新聞社静岡支局宛に、同村の石川皐月《さつき》さん（静岡県立富士宮高校二年生）から「告発」の投書があったからだった。

選挙当日の五月六日午前、同村A部落内の、石川さんの家が属している隣組では（同村では、戦後も「隣組」が維持されていた）、組長が各戸を訪問し「棄権するのでしたら代りに行ってきてやります」と、半ば強制的に入場券を回収していた。また、同部落の別の隣組では、「棄権する人がありましたら組長宅まで入場券をもってきて下さい」という趣旨を記した回覧板が廻されていたという。

この村では棄権防止の美名に隠れて、公然と替玉投票がおこなわれており、実は選挙管理委員もこの事態を黙認していたのである。

石川さんは、こうした風潮に強い怒りを感じていた。二年前の一九五〇年（昭和二五）六月におこなわれた参議院選挙の際も、同様の不正に気づき、中学校三年生だった彼女は、「上野中学新聞」に不正選挙を告発する文章を載せた。しかし、学校はこのとき、全生徒からこの新聞を回収し、焼却したという。

五月六日の夜、「このままにしておいたら、いったいどうなるのだろうか」と考えた石川さんは、新聞社へ真相の調査を依頼する手紙を出そうと決意した。その夜、彼女が書いた手紙の文面は、次の通り〔石川1953：p19〕。

「今日参院補欠選挙で私が学校から帰った時、母親が『組長さんが入場券を集めて廻っていた』と言った。事情を聞くと組長が不在者や老人の入場券を『棄権防止のためだ』と言って廻ったということです。こんな正々堂々とした違反が行われて良いものでしょうか。真相を貴支局で御調べ下さい。」

五月八日、『朝日新聞』の記者が富士宮高校に石川さんを訪ねた。数日後、事件が記事となり、さらに数日後には、関係者十数名が警察に出頭を命ぜられた。

事件がこれで終われば、この上野村の名前が全国に知られることはなかったであろう。しかし、この村の不正選挙事件は、別の深刻な問題へと発展してゆく。すなわち、石川さん一家に対する「村八分事件」である。

選挙から十数日たったある日、石川さんは、ひとりの婦人に呼びとめられる。

「あんただってねえ、選挙違反を投書なんかしたのは。今日十何人もの人が警察によばれたんだけど、まだみんな帰ってきていないから、帰ってきたらみんなしてお礼にゆくそうだから。」

「あんたも学生なんだから、他人を罪におとしてよろこんでいることが良いことか悪いことかくらいはわかるでしょう。自分の住んでいる村の恥をかかせてさあ……」

「村八分」の始まりである。折しも、田植えの季節だったが、石川さんの家には、近所から誰も手伝いが来なかった。一家は、朝夕のあいさつすらしてもらえなくなった。彼女の妹に対し、小中学生が「赤だ」「スパイだ」と言ってヤジった。

この「村八分事件」は、新聞やラジオによって日本全国に知られることになった。最初に全国に紹介したのは、同年六月二三日の『朝日新聞』記事「選挙違反を投書した娘さん一家を〝村八分〟!」であった。この記事によって、問題の焦点は、不正選挙から「村八分」に移った。翌二四日の『朝日新聞』「今日の問題」欄は、この事件を次のように論評した。

「静岡県富士郡上野村で、去る五月の参議院補欠選挙に、棄権者の入場券を集めて同一人が数回も投票したという悪質な選挙違反が検挙されたが、発見の端緒は部落内の一少女の投書にあったため、その少女の一家は『村八分』の制裁をうけ立退きを迫られているという。……道を通れば『スパイだ、アカだ』とささやき交し、村づきあいを絶たれた当の少女は『不正をみても黙っているのが村を愛する道でしょうか』と嘆き、この娘を教えた高校の教師は『正しいことはあくまで押し通すべきだと教えながら、現実の社会悪に対しては全く無力です』と大いに悩んでいる。……／『村八分』は片田舎の事件にすぎない、と簡単に取扱う人々も、少し胸に手を当て、己れの身の回りを注意してみるがよい。大都会の真中や片スミにこれと似たケースが横たわっていないかどうか。静岡県の一部落の農民だけをあざけり笑ってばかりいられないはずだ。」

長めの紹介になったが、補足したいことが、三点ある。

その一。「村八分」という言葉が、広く知られるようになったのは、この事件がキッカケだったのではあるまいか。戦前の『辞苑』（新村出編、博文館、初版一九三五年二月）には、「村八分」という項目はない。戦後の『言林』（新村出編、全国書房、初版一九四九年三月）には、「村払」（むらばらい）の項目はあるものの「村八分」の項目はない。『広辞苑』（新村出編、岩波書店）の第一版が出たのは、一九五五年（昭和三〇年五月）で、上野村村八分事件の三年後だが、ここには「村八分」の項目がある（「村払」の項目もある）。もちろん、これは傍証にすぎない。

その二。事例にある「部落」は当時の用語であり、『村八分の記』もこの語を用いている。当時、上野村には七つの「部落」があった。石川さん一家が属していたのはAという部落で、その戸数は「二十戸ほど」だったという。それぞれの部落に「区長」が置かれ、部落（区）の下に「隣組」があった。上野村全体で七十六の隣組があり、それぞれに「組長」が置かれていた〔石川1953：p12〕。

A部落は、近世の村に由来する「旧村」だった。富士郡上野村は一八八九年（明治二二）四月に富士郡の四か村が合併して成立した「新村」だが、A村は、その四か村のひとつである。「静岡県上野村村八分事件」というと、石川さん一家に対し、上野村全体が「村八分」をおこなっていたようなイメージがあるが、それは正しくないと思う。「村八分」をおこなっていたのは、上野村に含まれる「旧村」としてのA部落、もしくは、A部落に含まれる数組の「隣組」だったと見るべきであろう。

その三。『朝日新聞』の記者は、県立富士宮高校に石川さつき（皐月）さんを訪ねている。投書した本人に取材するのは当然のこととも言えるが、学校を訪問して本人を呼び出すというのは、情報提供者が特定されることにつながる。

『村八分の記』の三六ページには、「村人の反感的圧迫が私の家一途に迫ってきた。多分記者が調査をする時に私の名を云ったのだろうが。」とある。富士宮高校訪問以外の場面でも、『朝日新聞』の記者は、取材に際して、石川皐月さんの名前を出していた可能性がある。今日の感覚からすれば、非常に問題のある取材活動だったと思う。

この事件に関する作品に、石川さつき（皐月）さんの手記『村八分の記――少女と真実』（理論社、一九五三）、および、この事件を映画化した『村八分』（近代映画協会、一九五三）がある。『村八分の記』については第六章第4節で、映画『村八分』については第七章第2節で解説を試みる。

4　戦中に始まった稲敷郡の「村八分」

次に挙げる事例は、法制史学者の荒井貢次郎によって紹介されたことがあり、昭和期の「村八分」の事例として、よく知られている〔荒井1959：p176〕。ただし荒井は、これを「茨城県稲敷郡龍ケ崎町（現・龍ケ崎市）」の事例として紹介している。実際は、同じ稲敷《いなしき》郡の某村（龍ケ崎町の隣村）で起きた事例で、龍ケ崎町の事例ではない。龍ケ崎町の名誉のために、ひと言、注釈しておく。

この事例を、稲敷郡のカシラ文字をとって**事例い**とする。典拠は『週刊新潮』一九五九年（昭和三四）一月一二日号の記事「孤高の男の風雪二十一年」。関係者の姓は伏せた。

事例い　茨城県稲敷郡の某村で、二十一年間続いた村八分の事例である。一九五八年（昭和三三）の一月、ひとりの男性が水戸地方法務局龍ケ崎支局を訪れ、永年、「村八分」を受けていると訴えた。稲敷郡某村で農業を営む三郎さんであった（このとき、五七歳）。

話は一九三七年（昭和一二）に遡る。この年の七月、盧溝橋事件が起き、日中間に戦端が開かれた。これを受けて、稲敷郡某村の戸数十二戸という集落の住人・正吾さんに「赤紙」（召集令状）が届いた。この集落としては最初の赤紙であった。正吾さんの武運長久を祈願するため、集落として鹿島・香取の両神宮に参詣することになった。集落の長老から、各戸から一名、計十二名がハイヤーを借り切って参詣する案が示された。普通なら、これで決まるところだが、三郎さんが反対意見を唱えた。「時局がら、ハイヤーを借りるのは無駄づかいだ。自転車で行って、余った金は、正吾さんへの餞別と国防献金に使ったらどうか」。

この発言は、集落の人たちから憤激を買った。三郎さんは、集落の方針に従わない非協力者ということになり、十一戸が調印して、三郎さんとその一家を「村八分」にすることが決まった。

以来二十一年間、三郎さんの一家は、完全に孤立した。三郎さんの家に不幸があっても、集落の人たちは、誰ひとり会葬に来なかった。一九四〇年（昭和一五）に隣組制度が始まっても、回覧板は回ってこなかった。三郎さんの一家は、配給、防空演習などの公的通知を受け取ることができなかった。

戦後の一九五七年（昭和三二）一一月、長男が嫁を迎えたが、婚礼の席には、やはり集落の人たちの姿はなかった。悩んだ末、三郎さんは、法務局の龍ケ崎支局を訪ねた。さいわい、支局長が、解決のため全力を挙げて努力すると約束してくれた。

その後、約一年間、支局長は、人権擁護委員の協力を得ながら和解の斡旋をすすめた。一九五八年（昭和三三）の末、部落集会所に関係者が集まり、和解がととのった。


週刊誌の記事では、「部落」という言葉が使われていたが、右の事例では「集落」と言い換えた。ただし、「部落集会所」という言葉は、そのまま用いた。この記事では、部落という言葉は、「小数戸からなる集落」という意味で使われている。


この事例から読みとれることを、順不同で挙げてみよう。まず、戸数十二という小集落で起きている点に注目したい。この点は、二十一世紀の事例うや、このあと紹介する事例ひと共通する。この「村八分」のキッカケは、三郎さんが参詣の方法について異論を唱えたことにあった。こういうふうに、集落の和を乱すものに対して「村八分」を発動している点は、すでに見た事例くと共通する。

この事件は、刑事事件や損害賠償請求事件にはならず、和解によって解決した。この点は、江戸期の事例なと共通する。「和解」というのは、旧幕時代の感覚で言えば「内済」である。この事件の場合、法務局の支局長が「調停人」の役割を果たしたことになる。

この事件で三郎さん一家は、二十一年間、孤立していたとはいえ、その間も農業を継続していた。すなわち、「村八分」（絶交）の影響は、三郎さん一家の農業経営に及んでいなかったということである。水利や入会地を共同で利用していた近世のムラ（村落共同体）においては、そういうことは、絶対にありえなかった。

三郎さん一家が受けたのは、行事や慣習といった面に限定された形の「村八分」だった。ところが、ムラ＝「村落共同体」の住民にとって、行事・慣習の面で交際を断たれることは、精神的に大きな苦痛となる〔中村1957：p173〕。だからこそ、三郎さんは悩み、法務局の扉を叩いたのである。

5　二十七年間に及んだ東茨城郡の「村八分」

昭和期の事例として最後に取りあげるのは、茨城県東茨城郡の某村で続いていた「村八分」である。東茨城郡のカシラ文字を取って、事例ひとする。典拠は、『朝日新聞』一九七四年（昭和四九）一月一四日記事「『村八分』27年間」。

事例ひ　Aさんは、茨城県東茨城郡某村の、十四戸七十一人という小さな地区に住む。十四戸の大半は農家である。

Aさんは、一九四六年（昭和二一）四月に外地から引き揚げ、翌年六月、国有林の払い下げを受けて畑にし、五〇〇メートルほど離れたところに家を建てた。引っ越し後、常会長の家に、酒二本を持ってあいさつに行った。その足で、各住民の家も訪ねた。しかし、その晩、常会長が来て「反対な人がいて」と入会を拒まれた。酒もこの時返されてしまった。「せめて回覧板だけでも」と希望したが、「常会に入っていない」という理由で断られた。

以来二十七年間、地区の「常会」に入れないでいる。月平均一回、回ってくる回覧板は素通りし、結婚や葬儀の知らせももらえない。選挙の入場券が「常会に入っていない」という理由で役場に戻され、改めて役場から届けられたこともあった。

Aさんの子どもたちは、別の学区の学校に通った。子どもたちが秋祭りで近くの神社にゆき、地区のおとなから「あっちへ行け」と追われ、泣いて帰ったという。典型的な「村八分」(絶交)である。

「村八分」のキッカケは、家を建てる前に、引っ越しのあいさつに行かなかったことだった。この地区では、引っ越しのあいさつは、家を建てる前にするのがしきたりだったのである。

Aさんの子どもたちは、成人して、すでに家を離れている。Aさんは、「だまって死んでゆけばよかったのかもしれない。しかし、こんな悪習が残されるのはがまんできなかった」と考え、二十七年目になって、「村八分」の事態を水戸地方法務局に訴えた。

この事件が記事になった経緯は不明だが、Aさんは、「村八分」の事態を法務局に訴えると同時に、新聞社にも通報したのではないだろうか。この地区(小集落)にとっては、そのどちらも「ムラの恥をさらす」行為だったと思う。しかしAさんは、すでに、「ムラの恥をさらしてはならない」といった呪縛から脱していた。脱していたからこそ、法務局に訴えることができたのである。

この事件が、このあと、どういう形で決着したかは明らかでない。新聞記事には、「藤森道雄水戸地方法務局長の話」というものが載っていたが、そこには、「詳しい事情を調べるため人権擁護課長に調査を命じた。和解することが第一なので、時間をかけても解決したい」などとあった。

しかし、Aさんは、「こんな悪習が残されるのはがまんできなかった」と言っていた。この言葉から推すと、Aさんは「和解」を望んだというより、「村八分」のような悪習が残存していることを、広く世間に訴えたかったのかもしれない。そうだとすると、この事例は、先の事例いとは、やや性格を異にするものと言えるかもしれない。

＊

◉コラム……村八分に関わる八件の大審院判例

いわゆる「村八分」（絶交）が裁判になったケースは少なくない。戦前の大審院判例で「村八分」に関わるものをチェックしてみたところ、明治末から昭和初年までだけでも、八件が確認できた。以下に、その八件を列挙し、それぞれに簡単な註釈を加えておく。
イ「脅迫土地損壊等ノ件」（明治四四年九月五日宣告）脅迫罪の成立を認める。事件発生の時期と場所は示されていない。一審は名古屋地方裁判所、二審は名古屋控訴院。『大審院刑事判決録』第一七輯一五二二ページ。

ロ「脅迫ノ件」（大正二年一月三一日宣告）脅迫罪の成立を認める。事件発生の時期と場所は示されていない。一審は鹿児島地方裁判所、二審は長崎控訴院。『大審院刑事判決録』第一九輯一四七ページ。

ハ「脅迫ノ件」（大正二年一一月二九日宣告）主文は「原判決ヲ破棄シ事件ヲ千葉地方裁判所ニ移ス」。原判決（二審）は脅迫罪を適用。事件発生の時期と場所は示されていない。一審は土浦区裁判所、二審は水戸地方裁判所。『大審院刑事判決録』第一九輯一三四九ページ。

ニ「脅迫ノ件」（大正九年一二月一〇日宣告）一九二〇年（大正九）に、三重県阿山郡上野町《うえのちょう》で起きた事件。脅迫罪の成立を認める。いわゆる「部分社会論」に関わる言及がある。一審は上野区裁判所、二審は阿濃津《あのうつ》地方裁判所。『大審院刑事判決録』第二六輯九一二ページ。

ホ「損害賠償請求ノ件」（大正一〇年六月二八日第一民事部判決）一九一九年（大正八）に、大分県東国東《ひがしくにさき》郡の某村で起きた事件。村名は示されていない。「絶交」を不法行為とし、被害者による損害賠償請求を認める。一審は杵築《きつき》区裁判所、二審は大分地方裁判所。『大審院民事判決録』第二七輯一二六〇ページ。事例く参照（本書第四章第4節）。

ヘ「脅迫被告事件」（大正一三年六月二〇日第一刑事部判決）一九二三年（大正一二）に、宮城県刈田郡の某村で起きた事件。村名は示されていない。脅迫罪の成立を認める。一審は大河原区裁判所、二審は仙台地方裁判所。『大審院刑事判例集』第三巻五〇六ページ。

ト「恐喝被告事件」（昭和二年九月二〇日第一刑事部判決）一九二三年（大正一二）に、秋田

県平鹿《ひらか》郡山内村《さんないむら》で起きた事件。恐喝罪の成立を認める。一審は秋田地方裁判所横手支部、二審は宮城控訴院。『大審院刑事判例集』第六巻三六一ページ。事例さ参照（本書第四章第5節）。

チ「恐喝暴力行為等処罰ニ関スル法律違反被告事件」（昭和三年八月三〇日第一刑事部判決一九二七年（昭和二）に、石川県羽咋《はくい》郡鉈打村《なたうちむら》で起きた事件。この事件では、刑法の恐喝罪、脅迫罪に加えて、「暴力行為等処罰ニ関スル法律」（大正一五年法律第六〇号）が適用されている。壮年団の団則に関わって、いわゆる「部分社会論」に関わる言及がある。一審は七尾区裁判所、二審は金沢地方裁判所。『大審院刑事判例集』第七巻五三三ページ。事例は参照（本書第五章第1節）。

第六章　村八分の研究史

1　村八分に関する先駆的な研究

本章では、「村八分」の研究史を概観してみたい。「村八分」の研究史は、詳しく解説しようとすると、それだけで本一冊分の長さになるだろう。対象を絞りこんだ「要説」ということで、ご了解をいただきたい。最初に本節では、村八分に関する先駆的な研究を紹介する。

反骨のジャーナリスト・宮武外骨《みやたけがいこつ》（一八六七～一九五五）に、『私刑類纂』という著書がある。一九二二年（大正一一）一〇月、半狂堂の刊行である（半狂堂の住所は、著者の住所と同じ）。この本の一七ページに、「村ハチブ」についての解説がある。「村八分」について解説している本としては、最初期のものと言ってよいだろう。

ただし、宮武外骨が、「村八分」に注目した最初の学者・研究家だったというわけではない。

外骨は、「村ハチブ」について解説するにあたって、「中山太郎子の説に拠れば」、「『法学協会雑誌』に穂積重遠《ほづみしげとお》先生が摘録された所に拠つて記す」、「中田薫《なかだかおる》先生が予に示されし物を見るに」などと記している。外骨は、これらの人物と交流があり、これらの先達から学問的な刺激を受けていたのである。

外骨は、「村ハチブ」を「村内人同盟絶交の義なり」と定義した。讃岐《さぬき》ではこれを「本願払ひ」と呼ぶとも述べている。宮武外骨は、讃岐国阿野郡《さぬきのくにあやのごおり》小野村の出身であった。「本願払ひ」の「本願」とは、あるいは「本貫」のことか。なお外骨は、「ハチブ」の語源を「撥撫《はつむ》」に求めている。これは今日の『広辞苑』の説明（第七版）を先取りしたものである。

外骨が、『私刑類纂』を編んだ理由は明確である。「私刑」が横行している日本という国の現状を告発しようとしたのである。同書の「自序」には、「我国にては鉱山及水電工事場に監獄部屋の存在を黙許し居るにあらずや」という指摘がある。

◇　◇　◇

日本民俗学の創始者・柳田國男《やなぎた》（一八七五〜一九六二）に、『日本農民史』という著作がある。もとは、「早稲田大学政治経済講義録」に収録されていたもので、収録されていた時期は一九二四年（大正一三）とその翌年の二年間だったという（刀江書院版『日本農民史』一八七ページ）。

この本で柳田は、「ハチブ」に言及し、「ハチブは至つて古い慣習法で、以前は金鍋（カンナベ）かるはせると謂つて、炊器を背負はせて村から追放するところ迄も進んだ制裁法であつた」

（刀江書院版、五二ページ。原文のまま）と述べている。また、休日に働く者が制裁されることがあったことを指摘し、「時には村の者が寄り集まり、其家の屋根を引剝がしたなどといふ話もある」（原文のまま）としている。

今日、『日本農民史』は、国立国会図書館のデジタルコレクションで、二種類の版を閲覧することができる。このうち、表紙に「早稲田大学講師 柳田國男述」とあるものは、たぶん、「早稲田大学政治経済講義録」からの抜刷りであろう。一九三一年（昭和六）一二月に刊行された刀江書院版は、「早稲田大学政治経済講義録」にあったものを、佐々木彦一郎（地理学者）の校訂を経て復刊したものである。

◇　◇　◇

農業経済学者・小野武夫（一八八三～一九四九）の論文「徳川時代の村極（ムラギメ）」（一九二七）も、「村八分」についての先駆的研究である。この論文は、本書の第三章第5節で紹介しておいたので、ご参照願いたい。

ちなみに、近世の「村極証文」を最初に紹介したのは、小野武夫ではない。少なくとも、宮武外骨のほうが先である。外骨は、『私刑類纂』の一二三ページに、「中田薫先生が予に示されし物」として、越後国頸城郡《えちごのくにくびきごおり》大平村の「村極証文之事」の一部を紹介している。「文化前寛政頃」のものだという。

細かいことだが、近世の頸城郡には、「大平村」がふたつあったらしい。明治初期に、西頸城郡大平村と東頸城郡大平村が確認できるからである。ここでいう頸城郡大平村が、そのうちのどちらだったかは不明。また「大平村」の読みも不明。

中田薫が宮武外骨に示した「村極証文」は頸城郡のものであった。小野武夫が本で紹介した「村極証文」もまた、頸城郡のものであった。これは単なる偶然ではない。近世の初頭に、頸城平野では、大規模な開発がおこなわれ、そこでは、田から田へ水を流す、独特の水利管理がおこなわれていたという〔田中2000：p103〕。こういう村落では、村民間に一糸乱れぬ統制と秩序が要請される。「村極証文」のような文書が作られる必然性があったということである。

◇　◇　◇

民俗学者の中山太郎（一八七六～一九四七）は、一九三〇年（昭和五）に刊行した『日本若者史』（春陽堂）の中で、「村八分」について解説している。十の交際のうち、葬礼と火事以外の八つを断つので「村八分」だという説は、中山太郎が普及させたものと言ってもよいだろう（本書第一章第2節で紹介した）。また、同書で中山は、「明治二十五年ごろ」に、自分の「隣村」であった「村はちぶ」について言及している（本書第四章第1節参照）。

◇　◇　◇

民俗学研究者の松本友記は、一九三一年（昭和六）七月発行の『民俗学』第三巻第七号で、「日向の村八分に就て」という報告をおこなった。これは、タイトルに「村八分」を含む論文や報告としては、最初のものである。

松本友記は、「村八分」に相当する制裁が、宮崎県の各地で何と呼ばれているかを調べ、報告している。仲間はづし、絶交、「ちよかかるひ」、「やくわんめし」、郷中はづし、のけもの、はばあき、一本立ち、組はづし、「かんなべくらひ」、講中はづし、「うつぱづし」が、その主たるものである。

このうち、「やくわんめし」についての説明が、特に詳細である。「やくわんめし」の「やくわん」は薬缶《やかん》のことで、「薬缶めし」とは、別火《べつび》で炊いた飯の意味であろう。「薬缶めしを食わせる」などの形で使われるという。

なお、この報告は、礫川ほか著『犯罪の民俗学2』（批評社、一九九六）の資料編に影印の形で復刻されている。残念ながら、松本友記の生歿年などは不詳、「友記」の読みも不詳。

2　村八分に関する基礎的な研究

次に、村八分に関する基礎的な研究を紹介してみたい。いずれも戦前の業績である。

穂積重遠《ほづみしげとお》（一八八三〜一九五一）は、東京帝国大学教授、同大学法学部長、最高裁判所判事などを歴任した法学者である。一九三二年（昭和七）三月に『判例百話』（日本評論社）という本を出したが、その第二四話の話題は、「村八分」であった。

ここで穂積は、明治末から昭和初期にかけての大審院判決のうち、「村八分」関係のもの六件を紹介し、論評を加えている。本書第五章末のコラム「村八分に関わる八件の大審院判例」は、穂積が紹介した六件に二件を加えた八件について、簡単な解説をおこなったものである。なお、穂積の「村八分」は、礫川ほか編著『いじめと民俗学』（批評社、一九九四）の資料編に、影印の形で復刻されている。

◇　◇　◇

中山太郎の「民俗の改廃が生むだ特殊の犯罪」は、一九三三年（昭和八）一月、一誠社刊の中山太郎著『日本民俗学論考』に収録されている。時代が移り民俗の改廃が生じると、それにともなって、これまで犯罪でなかった行為が犯罪と見なされることがあるということを説いている。歴史民俗学ないし犯罪民俗学の世界における古典的名篇である。

ここで、中山は、嫁盗み、ムコいじめ、神輿《みこし》荒れ、村八分などの事例を「民俗の改廃が生むだ特殊の犯罪」として位置づけている。「村八分と脅迫事件」の節では、石川県羽咋《はくい》郡鉈打村《なたうちむら》の村八分事件の大審院判決を引いている。

この論文の初出は、『犯罪学雑誌』第五巻第四号（一九三二）とされているが、未確認。なお、この論文は、中山太郎『タブーに挑む民俗学』（礫川編、河出書房新社、二〇〇七）に、その全文が収録されている。また、礫川ほか編著『いじめと民俗学』（批評社、一九九四）の資料編には、論文の一部（「村八分と脅迫事件」の節など）が、影印の形で復刻されている。

大日本連合青年団編『若者制度の研究――若者条目を通じて見たる若者制度』は、一九三六年（昭和一一）三月、大日本連合青年団から刊行された。この本の巻末には、「御条目集」という付録があり、そこには大日本連合青年団が収集した「若者条目」が、全部で八十三点、紹介されている。この本では、本文以上に、この「御条目集」が貴重だという見方がある〔竹内1979：p737〕。

大日本連合青年団は、一九三四年（昭和九）一〇月、創立十周年を記念して、日本青年館内に郷土資料陳列所を設け、あわせて「青年団発達資料展覧会」を開催した。このとき、全国各地に、資料の出品を求めたところ、計一二二点の「若者条目」が集まったという。『若者制度の研究』にある八十三点は、その一部である。ただし、近世のものに限定されている（近代のものは除外されている）。

竹内利美《としみ》は、若者条目の史料的性格について、「その成立が近世初頭における『郷村条目』に対応して生じた村人の自治的意図にもとづく『村極《むらぎめ》』『村法《そんぽう》』の類と同じ事情に由縁することはまずまちがいなく、むしろその同類ともみられようか」と述べている〔竹内1979：p738〕。

◇　◇　◇

『若者制度の研究』は、今日、国立国会図書館のデジタルコレクションで閲覧できる。また、同書巻末の「御条目集」の部分は、谷川健一ほか編『日本庶民生活史料集成』第二一巻〈村落共同体〉（三一書房、一九七九）に、「若者条目集（徳川時代）」として復刻されている（解題は竹内利美）。

民俗学者の竹内利美（一九〇九〜二〇〇一）は、一九三〇年（昭和五）四月から一九四〇年（昭和一五）三月まで、長野県上伊那《かみいな》郡辰野《たつの》町の伊那富《いなとみ》小学校で教員を務める一方、校内で『蕗原《ふきはら》』という民俗学の雑誌を編集・刊行していた。

竹内が「村の制裁――主として法律的のものについて」という論文を発表したのも、伊那富小学校時代のことであった。論文は、『社会経済史学』誌の第八巻第六号・第七号（一九三八年九月・一〇月）に掲載された。これは、「村の制裁」に関しての最初の本格的研究であり、その後、多くの研究者から援用されることになった。その全文は、今日、竹内利美編『信州の村落生活（中）――村の共同生活』（名著出版、一九七六）で読むことができる。

この論文で竹内は、「村の制裁」を九つの形態に分類し、その二番目に「絶交」を位置づけた。「村八分」という言葉は、そこでは使っていない（本書第一章第3節参照）。

なお竹内は、これより先、一九三四年（昭和九）に、「村の制裁（遠山見聞）」という文章を発表しているようだが（『山村』創刊号）、確認できなかった。

3　戦後初期にあらわれた村落研究

続いて、戦後初期における「村落研究」の成果について、まとめてみよう。

最初に紹介したいのは、有賀喜左衛門《あるがきざえもん》の『村落生活』である。有賀喜左衛門（一八九七〜一九七九）は、農村社会学の泰斗で、『農村社会の研究――名子《なご》の賦役《ふえき》』（河出書房、一九三八）など多数の著作がある。ここでは、戦後間もない一九四八年（昭和二三）一一月に出た『村落生活――村の生活組織』（国立書院）に注目しておく。

巻頭の論文「田植と村の生活組織」には、「サナブリ」と呼ばれる田植じまいの行事についての紹介がある。非常に詳細かつ有益である。少し引いてみよう。

「同〔愛知県〕北設楽《きたしたら》郡田口町《たぐちちょう》字《あざ》長江では、田植じまいの祝《いわい》をタヤスミと呼び、明治中頃までは字全体が田植終了後一斉に休んだのであるが、養蚕の盛んとなってから組（五人組）位が申合せて組中の田植終了後行う。各戸別々に思い思いに牡丹餅や餅を作り祝い、それから組中一緒に祝う。各戸ではエベス様を祀る。組中の休みはその日の朝飯《アサハン》（午前十時頃）までに最後の家が植え終ればその日に、午後植え終れば翌日休みとする。またタウエヤスミ、ホネヤスメともいう。この日はただ遊ぶのである。この日休まぬ者は昔はハチブ（仲間外し）にされたと古老は言う（夏目義吉氏）。」

「ハチブ（仲間外し）」という言葉が出てくるが、あくまでも古老が回想した「昔」の話である。「田植と村の生活組織」の初出は、戦前の一九三五年（昭和一〇）、一九三八年（昭和一三）だという（『民族学研究』第一巻第三号、第四巻第一号・第二号）。しかし、『村落生活』の「後記」によれば、同書に収録した諸論文は、収録にあたって「改訂を施して、現在の見解を示しておいた」という。戦後の研究成果として紹介した所以である。

なお有賀は、同書の「後記」において、これまでの学問生活について、また、みずからが目指している学問について率直に語っている。有賀喜左衛門の学問に関心を持つ者にとって、この「後記」は必読の文献と言えるだろう。

◇　◇　◇

次に取りあげたいのは、歴史学者・森嘉兵衛《かへえ》（一九〇三〜一九八一）の「近世農業労働時間並に休日の統制」という論文である。一九五〇年（昭和二五）四月発行の『社会経済史学』第一六巻第一号に掲載されている。学会誌に載った高度に専門的な論文であるが、随所に興味深い指摘があり、今日、読んでも得るところが多い。たとえば、次のようなところ。

「村の休日と村の年中行事とが一致している事はまた村の農業経営が村落共同体的経営を根幹にしていた事を示すが、村においても農業経営の方法に差異を生じ、個別的経営の行われるに従って村定の公休日と各農家の休日とが一致しなくなって来る。従って村の公休日たる節句にも働く者を生じ、これに対する村人の非難の生じている事は、同時に村落共同体的農業経営と個人的農業経営とが喰違い、この間に摩擦を生じた事を示している。「怠け者の節句働き」等の俚諺はまさに村落共同体経営の側からの個人的経営に対する非難でもあった。」

森はここで、「怠け者の節句働き」という諺を引き、このような諺が生まれた背景を説明する。

——村の公休日に従わない者があらわれるのは、村落共同体的農業経営と個人的農業経営との間に摩擦が生じているからである。その際に、村落共同体から個人に発せられる非難が、「怠け者の節句働き」という言葉である。そして、この非難は、時として「村八分」などの制裁の形をとったのである。

森嘉兵衛の論文から、もう一箇所、引用しておきたい。

「近世封建農民は保守的伝統的生活を主としており、報酬の多い事よりも労働の少ない方がよく、できるだけ労働すればどれだけ報酬を得るかという事ではなく、これまでと同じ報酬によって伝統的な需要を充《みた》すためにはどの程度の労働をすればよいかという事が問題となっていた。経営技術が進歩して、農順が一般に早くなるに従って、年中行事の休日と新農業経営的休日とが一致しなくなっても、伝統主義的生活観が強いため、古典的休日も休み、新経営休日も休み、休日を増加する傾向を生じたのである。」

ここで森は、非常に重要なことを指摘している。近世の農民は、経営技術の進歩を、休日の増加という形で吸収していたというのである。近世の農民は「種々の理由をつけて休みたがっていた」わけではない。単に、保守的・伝統的だったにすぎない。この場合、保守的・伝統的とは、報酬の多いことよりも労働の少ないことを選ぶような傾向をいう。——このように森は、指摘したのである。

ここで読者諸氏には、二宮尊徳が、桜町領で「怠惰な農民」の抵抗を受け、苦労した話を思い出していただきたいと思う（本書第三章第３節）。桜町領の農民が、特に「怠惰」だったわけではない。同時代の平均的な農民たちと同様、「報酬の多いこと」よりも「労働の少ないこと」を選んでいたにすぎなかったのだと思う。

◇　◇　◇

戦後初期における「村落研究」の成果として、前田正治《まさはる》著『日本近世村法の研究』（有斐閣、一九五〇年一一月）を忘れることはできない。前田正治氏は、一九一三年（大正二年）生まれの法制史学者で、この本を出したときは関西学院大学助教授。一九五五年（昭和三〇）一〇月、「日本近世村法の研究」によって関西学院大学から法学博士号を授与されている。

前田氏の『日本近世村法の研究』は、「近世村法の研究における金字塔」とされている。法制史学者の神崎直美氏は、この本を次のように紹介している〔神崎1998：p3〕。

「これは唯一の体系的な村法研究である。今日の村法に必要なのは、前田氏による著作刊行以降における、近世史研究の成果を取り入れることであろう。前田氏の著作が刊行された後に、諸氏による近世村法の個別研究が発表されたものの、近世村法を近世社会の中で位置づける作業は、今日に至っても十分になされていないのが実状である。」

同書は、「本論　村法論」一―七八ページ、「附録　村法集」三一九ページと、附録の占める割合が大きい。このことについて前田氏は、本論の「序説」で、「近世の村の法的生活の実態に就ての詳細な検討は後日を期することとし、ここには主に成文規約をなす村法を採上げて一応の考察を試み、且つ寡見の資料中村法の形をなすものを取まとめて村法集を附した」と述べている。ちなみに、附録の村法集に収められている村法は、全部で二一六点である（ただし、うち一点は欠番）。

これだけの業績を残した学者であるにもかかわらず、ウィキペディアなどに「前田正治」の項がないのは不思議なことである。

4　村八分は「封建遺制」にあらず

続いて、戦後の「村八分」研究の出発点となった『村八分の記』と、それ以降の研究について、まとめてみる。

一九五三年（昭和二八）二月に出た『村八分の記――少女と真実』（理論社）は、「静岡県上野村村八分事件」（第五章第3節参照）の被害者・石川皐月さんの手記である。同書は、その後の「村八分」研究に、多大な影響を与えた。

この本の著者名は、表紙では「石川さつき」だが、奥付では「石川皐月」となっている。また、この本は、石川皐月さんの「手記」がメインだが、それ以外に、当時の新聞・雑誌の記事などの資料、清水幾太郎、柳田謙十郎など識者からのメッセージ、海外を含む各地からの激励文なども掲載されている。この事件を題材にした映画『村八分』の脚本を担当した新藤兼人も「跋文」を寄せている。

この当時の学界、思想界においては、「村八分」を「封建遺制」として捉える傾向が強かった。

この本に引用されている文章、石川さん宛てに寄せられた手紙などにも、そうした傾向が色濃く反映している。

○〝村はちぶ〟がいまなおなりたつのは、このような封建的な生産の土台に基礎をおいているからである。（井上晴丸）

○農山村に住み封建制に常に苦しめられている小生として身につまされる思いです。（岐阜県恵那郡からの手紙）

○静岡県の十八歳の少女が、敢然として〝古い村〟の改革に一石を投じ、村八分の封建的な制裁にもくじけないで、自己の主張を守っている事実は、……（『毎日新聞』社説）

○日本の農村のあり方が必然的に村八分的な封建遺制の雰囲気を伴っているし、そういう基礎は農村ボスによって築かれている。（新藤兼人）

○村八分にされたあなたの家のことを新聞でしって日本の農村の封建性がそのまま残っているということがさらにハッキリわかりました。（中華人民共和国瀋陽・大塚ひさ子）

石川皐月さんの不正選挙の告発から始まった「静岡県上野村村八分事件」は、「村八分」という事象に多くの日本人の眼を向けさせ、また、『村八分の記』の出版は、多くの日本人に、「村八分」あるいは「封建性」という問題について考えるキッカケを与えることになったのである。

◇　◇　◇

一九五四年（昭和二九）四月に出た『地方史研究』第一二号に、「村八分と追放について」という論文が掲載された。執筆者は、兵庫県の郷土史家の田岡香逸《こういつ》（一九〇五〜一九九二）である。その冒頭に、次のような文章が置かれている。

「封建社会の遺制とも云うべき村八分が、今日尚各地に行われ新聞種になっている。中でも静岡県の出来事は、本になり映画にもなって、人々の記憶に新しい。」

このように述べたあと、田岡は、「丹波国氷上《ひかみ》郡小川村岩屋」に伝わる「村八分および追放」に関する文書を紹介してゆく。静岡県の村八分事件の衝撃、あるいは『村八分の記』の衝撃が、郷土史家・田岡香逸をして、史料の発表を促したのである。

田岡が紹介する文書は、全部で九件、うち村八分関係が二件、追放関係が七件である。年代は、最も古いものが正徳元年（一七一一）、最も新しいものが享和三年（一八〇三）である。

なお、「氷上郡小川村岩屋」というのは、この論文が書かれた時点での地名であって、紹介されているのは、すべて「岩屋村」の文書である。氷上郡小川村というのは、一八八九年（明治二二）四月に、奥、野坂、村森、井原《いばら》、南中村、岩屋の各村が合併してできた「新村」であった。

◇　◇　◇

作家のきだ みのる（一八九五〜一九七五）は、一九五六年（昭和三一）一二月に、『日本文化の根底に潜むもの』（大日本雄弁会講談社）という本を出した。この本で、きだは、「村八分」に言及し、一家言を披露している。これは明らかに、「静岡県上野村村八分事件」、および、その後の「村八分」に対する人々の関心を意識したものであった（一九四八年の『気違い部落周游紀行』には、「村八分」という言葉は出てこない)。

きだは、同書の一六ページで、次のように述べている。

「現在私の部落には部落八分が一人いる(村八分と書くことはあっても村全体から八分になることはない。村は行政上の区画で部落の連合体で、それ自身には制裁力を持っていない。ムラ八分は何時《いつ》でも部落八分だ。部落のことをばう《ママ》らがムラじゃあというその意味でのムラ八分である。)部落の誰れも彼とは口を利かない。葬いがあっても出産があっても手伝いに行く者はない。もう村八分になって六、七年経つ。八分の原因は親方に相談せずに盗伐で部落方代表の親方たちを訴えたからだった。で彼は部落の恥を外にさらしたという点から部落八分になったのだ。」

きだがここで、「私の部落」と言っているのは、当時、住んでいた戸数十四の辺名《へんな》集落のことである。きだは、「部落」という言葉を、少数戸からなる集落の意味で用いている。

きだは、行政村としての村と、村八分が発生する舞台としてのムラを区別している。そのことはよいとしても、「ムラ八分は何時でも部落八分だ」という断定は問題である。村八分が発生する場は、少数戸からなる集落(きだの言う「部落」)に限定されない。

ところで、なぜきだは、この本のタイトルを、『日本文化の根底に潜むもの』としたのだろうか。あくまでも礫川の私見だが、きだは、「村八分」は「封建遺制」であるといった形で、「歴史的」に解釈しようとする傾向に反撥を感じていたのではないか。そこであえて、村八分を、「歴史」を超えた「文化」の問題として捉えようとしたのではないか。

◇　◇　◇

歴史学者の中村吉治《きちじ》（一九〇五〜一九八六）は、一九五七年（昭和三二）三月に、『日本の村落共同体』（日本評論新社）という本を出した。本文一七八ページの地味な本だが、その内容は画期的なものであった。

この本の末尾に近い一七三ページに、突然、「村八分」という言葉が出てくる。上野村村八分事件以来、「村八分」という問題が話題になっているのを意識したのであろう。同時に、「村八分」を「封建遺制」として捉えてきた学者や思想家に向かって異議を唱えようとしたのであろう。

先ほど、**第四章第5節**で、同書の一部を引用した。ここでは、その前後も含めて、再度、引用してみたい。

「かくて、明治の行政村、またその下部の行政単位としての部落が、共同体的な性格をおびてきている。人々が、これらの事実からして、封建的村落共同体は、かかるものであると考えたのも、あるいは無理がないかもしれない。しかし、それは明治によって変ったところのものである。その転化をみとめずに、封建的性格の残存とみたり、封建的性格をこの延長において解したりするのは誤っている。その一つとして「村八分」というような現象をあげることもできる。緊密な不可分の一体としての共同体では、成員をみだりに増したり減らしたりはできぬ。基本的には独立してきた農民が、感情や行事や祭の面で村意識をもっているようなときに、祭の仲間から除外するというごとき村八分が可能となる。農業をやめさせたり、学校へゆかせなかったりはできない。

ところが、そういう行事・慣習の面で感覚的な強さがあるから、村八分は苦痛を与えるのである。これはだから、共同体の崩壊過程においてのみ生じるものである。明治の村などで、もっとも生じやすいものである。それをもって、本来の共同体の性格とみるのは、やはり歴史的・具体的でないのである。」（一七二～一七三ページ）

特に、傍線を引いた部分が重要である。中村がこの本で指摘する前には、こういうことを指摘する人はいなかった。まさに画期的な指摘だったのである。

なお中村は、「部落」という言葉を、明治の行政村の「下部の行政単位」という意味で用いている。しかもそれを「封建的村落共同体」ではない、としていることに注意したい。

本書第二章第5節でも述べたが、筆者は、村八分は「近代に特有の現象である」とする中村吉治説を支持してきた。そして今回、明治以降における村八分の事例を検討したことで、その支持が間違っていなかったことを確信した。とりあえずここでは、「村八分は、共同体の崩壊過程においてのみ生じるものである」という言葉の余韻を楽しみたい。

5　近年における村八分の研究

近年における「村八分」に関わる研究・論考のうち、特筆すべきものを（特筆すべきだと筆者が考えたものを）、年代順に挙げていこう。

最初に挙げたいのは、玉城哲《たまきあきら》の論考「ムラの構造と論理——集団の優越から個を基礎にした共同性へ」である。この論考は、一九七六年（昭和五一）三月発行の『現代の理論』第一四六号に掲載されている（三九〜五一ページ）。

不勉強を恥じるが、この論考を読んだのは、今回が初めてだった。その鋭い分析と含蓄に富む指摘に圧倒された。たとえば、次のようなところ。

「個が未成熟であるにもかかわらず私性が肥大し、そのゆえになお個を補完する共同性をも存続させるという関係は、部落の様相をきわめて独自のものとした。個と共同性の補完の論理が作用するかぎりでは、集団性が私性を抑圧し、私性は屈折した陰微な形で表現されることになるのである。」

ここで、玉城は「部落」という言葉を使っているが、明治の町村合併によって「行政村」としての性格を奪われることになった村落（旧村）のことである。

この論考には「村八分」という言葉が一度だけ出てくる。しかし、その言葉が出てくる文脈に注意しなければならない。

「少数者が多数者の利益に反抗し、かつ少数者が微力であれば、「村八分」という制裁方法があった。部落の日常的コミュニケーションからの事実上の追放である。しかし、少数者の発言がある程度のウェイトをもつ場合、それもできない。そこで、共同の利益は、できるだけ外部に発散させる対抗的性格をもたざるをえないことになるのである。」

玉城の眼は、明らかに「村八分」の次の問題に向けられている。「部落相互の対抗」という問題である。その目配りの広さ、問題意識の鋭さに驚かざるをえない。

この論考は、最後、次のように結ばれている。

「農民をおくれたあわれな存在とみることも、ものめずらしげな生態観察の対象としてみることも、人間としての農民の主体をふみにじるという点では同質であろう。部落的視野と行動様式をこえようとしてこえられず、過去の卑屈と屈折をすてようとしてすてられず、しかも現実の中で葛藤しながら少しづつ歩んでいる農民たちに、私はそのような立場で接することはできない。私もまた日本の社会に育った一人として、かれらと同じ精神構造と行動様式を共有しているからである。」

特に、傍線部に注意されたい。ムラをめぐる問題について論じようとする者は、玉城のこの自戒に学びたい。

玉城哲（一九二八〜一九八三）は、一九八三年（昭和五八）七月に、五十五歳で亡くなっている。やり残した仕事が多かったことであろう。

◇　◇　◇

次に挙げなければならないのは、神谷力《かみやちから》（一九二三〜二〇一四）の『家と村の法史研究――日本近代法の成立過程』である。一九七六年（昭和五一）一一月、御茶の水書房刊、本文六二八ページの大冊である。今回、私は、この本から実に多くのことを学んだ。

神谷は、同書の「はしがき」で次のように述べている。

「わたくしは、十数年前から、近代日本の法体制が成立し確立するまでの、約二十年間にわたる明治前半期の中央政府の法令や、伺《うかがい》指令法などの法源資料をはじめ、各地方の県庁、県立図書館が所有する地方明治法令資料や、町村役場、大字部落が所蔵する戸長役場法令資料、町村民の法的生活資料などを精力的に発掘し、収集してきた。そして、これらの収集した厖大な法令資料のなかから、「家」と「村」に関する資料を整理し、これにもとづいて当時の「家」と「村」の法と制度を支え反撥してきた、庶民の現実の家族生活や、農民の村落生活の法的実態を具体的に検討し、これに関するいくつかの論稿を学会誌などに発表してきた。すでに公表した、これらの旧稿を加筆、訂正し、さらに新稿をつけ加えて、「家」と「村」に関するこれまでのわたくしの研究を整序し、体系化したものが本書である。」

同書のうち、本書のテーマに関わるのは、第六章「「村」と規約」、そして第七章「「村」と軽犯罪法」である。第六章における論述は、すでに本書第五章第2節で援用した。同書第七章における論述は、本書第八章第5節で援用させていただく予定である。

◇　◇　◇

一九七七年（昭和五二）一月に発行された『伝統と現代』の第四三号は、「総特集　共同体論その原理と構造」と銘打たれていた。有力な執筆者による貴重な論考が、数多く掲載されている。

今回、それらのほとんどを読み直してみたが、最も印象に残ったのは、「共同体――私的領域から」と題された「巻頭時評」だった。執筆は、文芸評論家の月村敏行《としゆき》氏（一九三五〜二〇〇二二)。

月村氏は、そこで、自分の少年時代を回想し、「各町内会の対立は子供の世界にまで持ちこまれ、ドブ川ひとつ隔てた別名の町内の空気は確かに別な味がした」と述べている。その少しあとの部分を引用してみよう。

「何故、そうだったのだろうか。村と町、いわんや町内会の区別などはほんの人為的なものにすぎない。しかし、その人為的にすぎないものが言いようもなく自然で濃密な共同的な生活空間であった。……わたしの学齢以前というときに、いわゆる近衛新体制の懸声に乗っと《ママ》って、隣組制度が布《し》かれたろうか。わたしの家と露路《ろじ》ひとつ隔てて四支会と五支会という境界線が引かれたのである。露路ひとつ向うの隣家にはわたしと同年齢の子供が居たのだが、四支会と五支会に分れてしまうとまったく遊ばなくなってしまったのだからどうにもならない。その代り今まで遊びもしなかった子供と四支会という類別だけでグループを造るようになったのであった。そうして各支会別の子供グループはまたまたよくケンカもしたのである。それはまさしく共同体の成立に受身であり、また受身であるままに閉鎖的で濃密な空気を盛りあげるに自在な力が発揮されたということになろうか。」

ここで月村氏が論じている問題は、前年の三月に玉城哲が提起した「部落相互の対抗」という問題と響きあうものがある。

月村氏の文章には、「村八分」という言葉は一度も出てこない。それにもかかわらず、この文章は、「近現代における村八分の心意」に迫ろうとしている。おそらく、それに迫るためのキーワードは、擬似共同体、擬似共同体特有の閉鎖性、あるいは、架空の共同幻想であろう。

なお、月村敏行氏は、二〇二二年一月二三日に八十六歳で亡くなられた。その訃報に接して、すぐに思い出したのが、この「共同体――私的領域から」という文章だった。

◇　◇　◇

少し時代は飛ぶ。民俗学者の田村勇《いさみ》氏が、「『村八分』とその心意伝承」という論考を発表されたのは、一九九三年五月のことであった。この論考は、礫川全次・田村勇・畠山篤共著『犯罪の民俗学』（批評社）の第八章にあたる。

この論考で、田村氏は、追放や村八分をあらわす言葉に、「葬送儀礼」と同様の心意を見出している。具体的な例を挙げての説明には説得力がある。この論考が、ユニークな村八分論である所以である。しかし、この論考のユニークなところとは、その点ばかりではない。

「村八分は集団による制裁である。この制裁の心意は学校教育に今なお生きていて、校則に違反した生徒の謹慎指導という名の罰則にもこの心意が伝承されているのであった。「村八分」は罰を加える側に立っての物言いであり、被罰者の側に立ってみれば集団から隔離されて生活することであって、つまり、それは「謹慎」ということになる。学校教育ではこの次に退学（追放）という一段上の制裁がくるのをみても、日本的な伝承心意によって校則がなりたっているのがわかる。」

田村氏はここで、学校という「部分社会」における制裁に、村落共同体という「部分社会」における制裁と同様の「伝承心意」を見出している。これは、そう簡単に出てくる発想ではない。

田村勇氏は、一九三六年（昭和一一）生まれ。『日本の艪《ろ》――その歴史と風土』（大河書房、二〇一七）などの著書がある。

◇　◇　◇

歴史学者の大門正克《おおかどまさかつ》氏（一九五三〜）の『近代日本と農村社会――農民世界の変容と国家』（日本経済評論社）は、一九九四年二月に刊行された。この本は、「日本の近代社会とは何であったのか」という問題を、「農村社会の側から」検討しようとした本である。

同書の「序章　課題と方法」で大門氏は、次のように述べている。

「本書は、日本の近代国家の骨格が整った日清・日露戦争期を歴史的前提とし、第一次世界大戦をへて一九二〇年代・三〇年代にいたる時期を主たる対象として、この時期の農村社会構造の段階的変化とその特質を明らかにすることを課題としている。とくに本書では、明治社会から大正デモクラシーへの推転、さらには戦時体制への転換の問題を農村社会の側から検討することに主眼をおいているが、筆者の最終的な問題関心は、日本の近代社会とは何であったのかという問題をあらためて考えることにある。」

大門氏は、同書の「第二篇第三章　農民運動の展開と農村社会」の中で、一九二〇年代の小作争議の際、「村八分」が利用された例を挙げている（本書の第五章第1節で、このことに触れた）。こういう視点から「村八分」を取りあげている本は、ほかにはないと思う。

僭越ではあるが、ここで礫川の論考を紹介させていただきたい。礫川の論考「いじめ論序説」は、一九九四年一一月に発表された。礫川全次・田村勇共編著『いじめと民俗学』（批評社）の序章にあたる。

この論考で礫川は、「いじめ」という事象を、「村八分」との関わりで捉えようとした。そのように思ったのは、一九九三年一月に山形県新庄市で起きた「山形マット死事件」に衝撃を受けたからである。週刊誌（『週刊現代』一九九三年一〇月二日号）などの報道によれば、事件の背景には、死亡した中学生K君に対する級友からの「いじめ」があり、さらに、K君一家に対する地域住民の「村八分」的対応があった（K君一家は、モダンな造りの家に住み、標準語を使っていた。地域住民はそれを見て、「郷に入って郷に従わない」と非難していたという）。

この論考の中で礫川は、「村八分は、近代国家日本の村落共同体で採用された制裁手段の一つであり、今日の教室におけるムラハチ等のいじめも、そのバリエーションに数えられる」と述べた。ここであえて、「近代国家日本の」としたのは、中村吉治の『日本の村落共同体』（一九五七）を読んで、啓発されるところがあったからである。

◇　◇　◇

法制史学者の神崎《かんざき》直美氏（一九六三〜）は、一九九八年一二月に、『近世日本の法と刑罰』（巌南堂書店）という本を出した。同書の「序」で神崎氏は、「近世日本における法制定主体は、原則論としていうと、少なくとも為政者の数と全国の村の総数である」と述べている。ユニークな観点と言うべきだろう。

同書は三部で構成され、その第三部のテーマは「村法」である。第三部は、第八章「近世村法の歴史的意義について」、第九章「村法の制定過程」、第十章「村法の制裁規定」、第十一章「領主層の村法認識」から成る。それぞれ手堅くまとめているが、特に第十章が労作だと感じた。これらの章は、いずれも既出の論文を踏まえているが、掲載誌、掲載年月等の紹介は割愛する。

第八章「近世村法の歴史的意義について」では、「近代村法」についても、少し言及している。そこで、神崎氏は、「明治十五年愛知県北設楽《きたしたら》郡川合村村法」を引いた上で、次のように述べる（三二四ページ）。

「右の事例からも明らかな表記の変化とは、近代村法の文章表現は片仮名と漢字を使い、読み下しの文章であるということであろう。この片仮名と漢字混じりという表記は、明治政府が制定した法令と同様である。新政府が村々に発布する法令の文体が、村法に影響したのである。」

さらに神崎氏は、「明治五年を画期として、従来の地方文書の形式が、明治国家による新たな書式の形式に切り替わる。これも、以後の村法の形式に影響を与える」と指摘している（三二八ページ注23）。「近代村法の表記」の問題というより、むしろ「近代日本語の成立」の問題だが、注目すべき指摘であることに変わりはない。

◇　◇　◇

続いて、歴史学者の水本邦彦氏（一九四六〜）による『近世の郷村自治と行政』（東京大学出版会、一九九三年一一月）を紹介する。同書のうち、「村八分」という本書のテーマと関わりが深いのは、「第二章　村の掟と制裁―三津屋村から―」、および「第七章　公儀の裁判と村の掟」であろう。

特に第七章は、「公儀の法」と「村の掟」の相互関係という興味深いテーマに取り組んでいる。最後に近い部分から、少し引用してみよう。

「「建前」としての公儀の法は、刑罰権の公儀による掌握を原則とし、私的制裁権の否定を謳ってはいたが、その第一義的目的が社会全体の公共的秩序維持ではなく、公儀の威光維持にあったがゆえに、そこに、公然化せぬ限りにおいては内々の処理を容認するという「内証」の対応が生じたのである。こうした公儀の態度は、結局、それが否定した村掟の存続にも少なからぬ影響を与えた。村掟はそれ自体の持つ力に加え、かかる公儀の対応にも一部「支持」されて、近世を通じて機能し続けたのである。」（二一六ページ）

ここに「内証」という言葉が出てくるが、文脈からして、「内済」とほぼ同義と思われる。

水本氏は、この第七章で、興味深い事例を、次々と紹介している。そのうちの一事例は、すでに、本書第三章第1節で紹介させていただいた（事例た）。

なお、この第七章に示されている水本氏の認識については、本書第八章第4節で、再度、言及させていただくことになろう。

◇　　　◇　　　◇

本節の最後に、龍ケ崎市編さん委員会編『龍ケ崎市史　近世編』（龍ケ崎市教育委員会）は、一九九九年三月に刊行された。ただし、今回、本書が参照したのは、同書の第三章「村のしくみと生活」のみである。第三章の執筆者は、井上攻《おさむ》調査員である。

第三章の第三節は、「村の生活誌」と題され、「近世の村」の姿を、リアルに、また生き生きと描き出している。そこでは、下総国《しもうさのくに》豊田村の名主《なぬし》・十左衛門《じゅうざえもん》が残した「豊田村名主日記」が基礎的な史料として用いられている。執筆者の井上調査員は、「日記」という史料の特徴について、次のように述べている。

「村や地域社会で起こる諸事件は多くの場合、公的な訴願にはいたらず、当事者間や地域内部の調停で済まされる。したがって地方文書《じかたもんじょ》に見えるのは多くの事件の一部にすぎない。しかし、日記史料には一般には顕在化しない諸事件の記事が記されていることが多い。」

第三章第三節の内容は、すでに本書第三章第2節で援用させていただいている。

執筆者の井上攻氏は、一九五八年（昭和三三）生まれの歴史学者で、『由緒書と近世の村社会』（大河書房、二〇〇三）などの著書がある。

「村八分」の研究史についての解説は、以上で終える。次章を「村八分を描いた作品から」とし、引き続き村八分について考察する。

＊

◉コラム……三人の村落研究者と辰野町伊那富小学校

竹内利美《としみ》（一九〇九～二〇〇一）は、村落社会の研究で知られる民俗学者で、東北大学名誉教授、文学博士。今回、この本を執筆するにあたって、「村の制裁」に関する竹内利美の先行研究には、どれだけお世話になったかわからない。

その若き日、竹内は、長野県上伊奈郡辰野町《たつのまち》の伊奈富《いなとみ》小学校に務めるかたわら、校内で組織した「民俗研究会」の機関誌『蕗原《ふきはら》』の発行を続けていた。

竹内は、晩年の著書『村落社会と協同慣行』（名著出版、一九九〇）の「あとがき」で、次のような回想をおこなっている。

「昭和五年十月に私は伊那富小学校（長野県上伊那郡辰野町）に赴任して教職生活に入ったが、幸い好い同僚に恵まれて昭和七年から『蕗原』という郷土研究の仲間雑誌を出すことになり、以後七年ほどのあいだ各地に「ムラ」の探訪調査を重ねて、随時その収穫を『蕗原』に載せた。『南伊那農村誌』（昭和一三年刊、復刻昭和五〇年）と『信州の村落生活』三巻（昭和五一年刊）に後に収録したものがそのすべてである。全く偶然ながら伊那富小学校の所在地（辰野町）は有賀喜《あるが》左衛門先生の郷里であり、また中村吉治《きちじ》先生も同郷出身で、しかも令兄の中村寅一さんとは学校で同僚になった。全く私にとっては「奇縁」というよりほかはないが、ともかく『蕗原』の仕事については刊行後も両先生から帰郷の折々には何くれとなく助言指導を頂くことができた。」

有賀喜左衛門（一八九七～一九七九）は、農村社会学の研究で知られる社会学者で、『農村社会の研究』（河出書房、一九三八）、『村落生活』（国立書院、一九四八）などの著書がある。中村吉治（一九〇五～一九八六）は、村落共同体の研究で知られる歴史学者で、『村落構造の史的分析』（日本評論新社、一九五六）という編著書、『日本の村落共同体』（日本評論新社、一九五七）という著書がある。ふたりは、ともに長野県上伊那郡朝日村（現在の辰野町）の出身であった。

このふたりの学者が、『蕗原』という郷土研究誌を通して、伊那富小学校の竹内利美と結びついた。そして、この「辰野町」に関わる三人の研究者が、日本の村落社会研究をリードしてゆくことになった。まさに「奇縁」である。

竹内によれば、有賀は一九三三年（昭和八）二月に、「民俗調査要目」というものを編んだ。その冒頭には、「村の組織と階級―家（相続・本家分家等）、親方子方、老若制、特殊民、共済組織（ユイ・講と組・共有財）、共同労働、制裁等々」といった細目が並んでいたという（前出の「あとがき」）。

竹内は、一九三八年（昭和一三）、『社会経済史学』誌に「村の制裁――主として法律的のものについて」という論文を発表し、「村の制裁」の研究に先鞭をつけた。この研究にしても、有賀の「導き」に負うところが大きかったはずである。やはり、持つべきものは先達である。

第七章　村八分を描いた作品から

1　きだ みのる『気違い部落周游紀行』

まず取りあげるのは、きだ みのる著『気違い部落周游紀行』（吾妻書房、一九四八年四月）である。

この本には、「村八分」の話は出てこない。しかし、この本は戦後、間もない時期に、多くの日本人の眼を、東京都南多摩郡恩方村《おんがたむら》という山村に、いや、その山村内の小さな集落に向けさせた。そしてそこに、確固とした世界が成立していること、そこに暮らす住民が典型的な日本人であることなどを認めさせることになった。

この本は、小集落で暮らす住民の言動・心意を描き切ったことで、文学作品として成功した。同じ理由によって、すぐれた「村落研究書」としての役割も果たしたのである。

きだ みのるの本名は、山田吉彦である（一八九五～一九七五）。岩波文庫のファーブル『昆虫記』、レヴィ・ブリュル『未開社会の思惟《しい》』は、ともに山田吉彦訳である。すなわち彼は、作家であり、翻訳家であり、そして文化人類学者でもあった。

『気違い部落周游紀行』が、すぐれた「村落研究書」になりえたのは、文化人類学の手法で小集落の住民に接触し、文化人類学者としての視点で小集落の住民を観察したからである。きだは同書で、アメリカの人類学者カッシング（F. H. Cushing）が、ニューメキシコのツニ〔ズニ〕族（Zuni）について調査したことに触れている（九一ページ以降）。カッシングは、ツニ族の「宗教上の首長」から入門式を受け、ツニ族の一員に加えられたという。いわゆる「参与観察」（Participant observation）である。

きだは、カッシングにならって、恩方村で「参与観察」を試みた。これは、本人も認めている通りである。ちなみに、カッシングがツニ族の一員になりきった話は、レヴィ・ブリュルが『未開社会の思惟《しい》』で紹介している（岩波文庫、上巻八七ページ）。

なお、きだの一連の「気違い部落」物については、次のような論評がある。経済学者の岩本由《よし》輝《てる》氏によるものである〔岩本1978：p338〕。

きだは、たしかに部落に住みこんでいる。そして、そこからのユニークな文明批評にはきわめて注目さるべき内容がある。しかし、きだの描いている部落における人間関係には、生産にかかわること、労働組織としてのあり方はほとんどといってよいほど出て来ない。そのことは何を意味するのであろうか。それはきだが見落したのでも、故意に触れていないのでもない。

要するに、きだが、「気違い部落」として天下に紹介した八王子市恩方の辺名《へんな》部落は、きだが住みついた第二次世界大戦当時にはすでに共同体ではなかったことを示しているのである。そこにおいてみられる人間関係としての共同は、もはや人間社会一般にみられる共同でしかなく、だからこそきだは「気違い部落」を日本社会の縮図としてとらえ、そこからの視座から近代主義や進歩主義を嘲笑することができたのである。ただ、そのことに、きだ自身、気づかず、また、きだを引用する人々の多くも気づいていないのである。

きだの作品やその手法についての、手厳しい批判である。これを私なりに言い換えれば、きだには「文化人類学」の視点はあっても、「歴史民俗学」の視野が欠けていた、ということになろうか。

2 近代映画協会製作・映画『村八分』

「静岡県上野村村八分事件」をモデルにした映画である。同事件のキッカケとなった不正選挙があったのは一九五二年（昭和二七）五月六日、石川さん一家が「村八分」になっていることが新聞に報じられたのは、同年六月二三日であった（第五章第3節参照）。ところが、同年の一一月初旬には、すでに映画の脚本ができあがっていたという。

翌一九五三年（昭和二八）一月一〇日、ロケーション（野外撮影）の大半を終了。三月八日、劇場公開。驚異的なスピードだが、この当時の映画産業の活力が、こういった日程を可能にしたのであろう。
脚本を担当したのは新藤兼人《しんどうかねと》（一九一二〜二〇一二）である。新藤は、石川さつき『村八分の記』（理論社、一九五三年二月）に、「「村八分」の映画化をめぐって」という文章を寄せている。その一部を引いてみよう。

この映画化は吉村公三郎と共に作っている近代映画協会と、山村聰の主宰する現代プロダクション〔現代ぷろだくしょん〕との協同自主製作で、シナリオは私が書いた。現在、既にロケーションの大半を終了し、セット撮影中で二月中旬には完成する見込になっている。村八分映画化の話は昨年の秋におこりその脚色のために私は静岡県の上野村へ出かけ、当の石川皐月さんにお会いした。人権擁護委員会沼津支部の方の案内であった。上野村とは東海道線富士駅から身延線で奥へ入った富士山麓の一寒村である。富士山という世界的な風景を背負っているこの村はまことに平和そうな村であった。石川さんの家は藁葺屋根の小さな土間と板の間と八畳ばかりの寝室があるだけの貧しい作りである。当の石川さんとは三時間ばかりお話したが、はっきりとゆっくり物を云う秀才型の娘さんで農村の鈍重さはなくそれかと云って都会的な神経質さもなく平凡な少女の印象を強く受けたのである。

このほか、新藤は、ロケーションの際に受けた苦労（非協力や妨害など）についても語っているが、詳しくは『村八分の記』を参照されたい。

今日、この映画は、WORLD BELL 発売のＤＶＤで、容易に視聴できる。私は昨年、ＤＶＤでこの映画を視聴したが、完成度の高い秀作だと思った。

映画によれば、少女（中原早苗）から不正選挙告発の投書があったことを聞いた新聞記者（山村聡）は、村役場に電話をかけ、そういう名前の少女がいるかどうか確認している。事実、こうした取材活動があったとすれば、これは問題であろう。この一本の電話が、少女を特定させ、村八分の原因となった可能性が高いからである（新聞社の取材活動に問題があったことは、**第五章第３節**でも指摘した）。

3　菊島隆三脚色・映画『気違い部落』

一九五七年（昭和三二）一一月に公開された松竹映画『気違い部落』は、日本映画史上に残る傑作である。監督・渋谷実、脚色・菊島隆三《きくしまりゆうぞう》、音楽・黛《まゆずみ》敏郎、主演・伊藤雄之助、助演・淡島千景、そのほかに、山形勲、森繁久彌、伴《ばん》淳三郎、信欣三《しんきんぞう》、清川虹子、藤原釜足《かまたり》、三井弘次《こうじ》らが出演している。これだけの充実したスタッフ、キャストを揃え、しかも素晴らしい出来ばえに仕上がっている。

原作は、きだ みのるによる一連の「気違い部落」物で、テーマは「部落はずし」である。私は、この映画を数年前に、池袋の新文芸坐で鑑賞した。期待した通りの傑作だったが、いま、細かいところまでは覚えていない。そこで、菊島隆三のシナリオを読みながら、この映画を振り返ってみた。

鉄次（伊藤雄之助）が「部落はずし」にされた、その直後の場面を引いてみる。なお、シナリオの「部落はずし」にはルビが振られていない。映画では「ぶらくはずし」と読んでいたのか、それとも「むらはずし」と読んでいたのか。

64　助夫の家・店先
　パンク張りをしながら話す助夫と次郎。
次郎「じゃなにかい、俺も鉄さんの家の者とつき合えないっていうのかい」
助夫「そうよ、部落はずしも、村八分も同じじよ、火事と葬《とむらい》の他はつき合わねんだわ……だからおめえだって……」
次郎「冗談じゃない、俺はこの部落の人間じゃないぜ」
助夫「でも、良さんのレッキとした二男坊だんべえ。お前に馴れ馴れしく口をきかれちゃ部落はずしを言い出したおやじさんの立場があんめえよ」

次郎（石浜朗）と鉄次の娘・お光（水野久美）とは恋仲だった。だから次郎は、「俺も鉄さんの家の者とつき合えないっていうのかい」と、あわてたのである。

このあと、お光が、肺病で亡くなってしまう。十九歳の若さだった。しかし、その葬式にムラの者は誰ひとりやってこない。葬式に参列したのは、鉄さんの家族とその親戚、あわせて五名にすぎなかった。葬式といえども、「村八分」の例外にはならなかったのである。

雨の中、リヤカーに乗せた棺桶を鉄次が引き、妻のお秋（淡島千景）が押す。道に立って、それを見送る村の女たち。涙もろいお紺（清川虹子）が、「うらもうがまん出来ねえ」と泣き出す。

映画のラストは、山中で、次郎が鉄次に話しかけている場面である。次郎は、湘南地方の農園を経営している知人が管理人を求めているが、その気はないかと問う。鉄次の返事は「土地を離れてたまるかよ！」であった。

そして、鉄次はつぶやく。「だいちよ、ここを捨てて行ったところで、日本中どこでもおんなじだんべ」。

改めて、優れた脚本だと思った。菊島隆三（一九一四〜一九八九）は、この脚本を完成させるまでに三年の歳月を費やしたという。

この映画については後日談がある。一九五八年（昭和三三）四月、きだ みのるは「気違い部落 後日譚」という文章を発表した。映画『気違い部落』公開の翌年である。そこには思いがけないことが書かれていた。一九五七年（昭和三二）の年末に、「鉄次」一家に対する「部落はずし」が解かれたというのである。

鉄さんの部落外しは年末の部落会で解かれた。村の女衆《おなごしゅう》はこれでほっとした。映画の葬式の場面を見たとき、彼女たちは哀れで涙がこぼれ、見ていられなかったと告白した。中には私を攻撃に来た女衆さえあった。

――先生も空っことを書くよう。あのときのお葬れえに行ったのは、三人べえじゃなかったよ。親類の衆も来てたから七人だったよ。

鉄さんは元旦の部落のお祝いに列席した。

詳しい事情は不明だが、映画の撮影または公開をキッカケに、「鉄次」一家に対する「部落はずし」が解かれることが決まったらしい。

引用は、『きだ みのる自選集』第四巻（読売新聞社、一九七一）の五二ページより。文中に、「部落外し」という言葉が出てくるが、きだは、「むらはずし」と読ませようとしていたと思う。「空っこと」は、「当て推量、ウソ」の意。「お葬れえ」の読みは、「おとむれえ」であろう。なお、「気違い部落 後日譚」の初出は、『週刊朝日 別冊』新緑特別読物号（一九五八年四月一五日）だというが、確認はしていない。

4 杉原良枝の回想録『心境部落』

杉原良枝さんの『心境部落――村八分から共同生活二十五年』は、一九六二年（昭和三七）六月、春秋社から刊行された。今どき、「心境部落」と言っても、その名前を知っている人は少なかろうが、信仰に支えられた農業共同体のひとつである。昭和三〇年代には、「伊賀の山岸会、榛原《はいばら》の心境部落」というふうに、ヤマギシズム（山岸会）と比較して論じられることもあった。「心境部落」は、一九三七年（昭和一二）に、奈良県磯城《しき》郡朝倉村笠間で、戸数四戸から出発した。この宗教共同体（農業共同体）は、天理教布教師の経歴を持つ尾崎増太郎（一九〇〇〜一九九三）から指導を受けていた。「心境部落」の通称は、一説によれば、「心境に変化を来した人々の集まり」の意味だという。しかし実際のところは、尾崎増太郎が天理教から離れ「新教」を立てたと噂されたときに、この噂を否定して、「新教」を「心境」と言い換えたというのが、真相に近いのではないか。

「心境部落」は、一九三七年（昭和一二）八月（日中戦争が始まったのは同年七月）以降、二十年間にわたって、地元住民から「村ばね」を受けた。「村ばね」とは、いわゆる「村八分」のことである。

杉原良枝さんの『心境部落』は、この「村ばね」以降、「心境部落」が歩んだ苦難の道をリアルに描いている。杉原さんは、一九二八年（昭和三）秋、二一歳のときに、尾崎増太郎に出会って以来、彼を師と仰ぎ、行動をともにしていた女性である。

同書八二ページに、朝倉村笠間の「心境」四戸が、「全村的な決議」で村ばねになったとある。ここでいう「全村」とは、朝倉村全村の意味ではない。朝倉村の中の「笠間」というムラ（集落）の全体という意味である。

磯城郡朝倉村は、一八九七年（明治三〇）三月までは、式上《しきじょう》郡朝倉村だった。式上郡朝倉村は、一八八九年（明治二二）四月、黒崎村、脇本村、慈恩寺村、龍谷《たきたに》村、岩坂村、狛《こま》村、笠間村、安田村の八か村（いずれも式上郡）が合併して成立。一八九七年（明治三〇）四月、式上郡の廃止にともない、磯城郡朝倉村となった。

「笠間」は、その朝倉村内の「旧村」である。しかし、この地域においては、昭和期に入っても、「笠間」という旧村が、「共同体」（擬似共同体）として残存し、「村ばね」などの制裁をおこなっていた。なお、この笠間における「全村的な決議」の中には、「一度口をきけば百円の罰金」というものが含まれていたという。

同書の一部を引用してみよう（八三ページ）。

　支那事変の影響は、この山間の小村にも次第に及んできた。村からも一人、二人と応召兵が出はじめた。

　村の慣例によると、応召兵を見送る場合、まずもってその前日に村の「歩き」と称する小《こ》使《づかい》さんが一軒一軒村の家を訪問して、明日はどこそこの誰さんが兵隊に行かはりますよってに、見送りに行っとくなはれ、と告げて歩くのだが、この小使さんも四軒の家だけにはこない。口をきいただけで罰金をとられるのだから、さわらぬ神にたたりなしというわけで、四軒とは完全に没交渉である。

この「心境部落」に対する「村ばね」は、かなり特殊なケースかもしれない。しかし、「心境部落」の人々が、逆境の中で生き残り、差別をはねかえしていったストーリーは、一読に値する。

この「村ばね」は、一九五七年（昭和三二）九月、ついに解消した。磯城郡朝倉村笠間は、一九五四年（昭和二九）七月に、宇陀郡榛原町《はいばらちょう》に編入されることになったが、この際に生じた政争の影響で、笠間部落の区長を引き受ける者が出なかった。結局、榛原町長に説得され、心境部落の尾崎増太郎が区長に就任したからである。一九三七年の「村ばね」から、すでに二十年が経過していた。

ちなみに、同書のサブタイトル中にある「二十五年」とは、一九三七年の「村ばね」から、一九六二年に同書を刊行するまでの「二十五年」という意味である。

5　松本清張の短編「闇に駆ける猟銃」

松本清張の短編「闇に駆ける猟銃」は、『ミステリーの系譜』（新潮社、一九六八年六月）のなかの一篇で、いわゆる「津山事件」を題材にしたノンフィクションである。「津山事件」というのは、一九三八年（昭和一三）五月、岡山県津山市北方、苫田《とまた》郡西加茂《にしかも》村《そん》の小集落で起きた日本犯罪史上、例を見ない大量殺人事件で、「津山三十人殺し」と呼ばれることもある。『ミステリーの系譜』の初出は、『週刊読売』（一九六七年八月〜一九六八年四月）だという。

「闇に駆ける猟銃」の冒頭で、松本清張は、トルーマン・カポーティの小説『冷血』に言及している。カポーティの『冷血』は、一九六五年に発表された。その日本語訳が出たのは、一九六七年（昭和五二）四月であった（龍口《たつのくち》直太郎訳、新潮社）。清張の「闇に駆ける猟銃」という作品は（あるいは『ミステリーの系譜』は）、カポーティの『冷血』にインスパイアされたものと見てよいだろう。

一九五九年にカンザス州の寒村で、農場主一家四人を散弾銃で惨殺するという事件が起きた。カポーティは、この事件を徹底的に取材した。加害者二名を含む事件関係者に対しインタビューをおこなうことで、事件の発生から、加害者の特定、その死刑執行にいたる過程を再現した。ただし、インタビュアーであるカポーティ本人は、作品に登場しない。カポーティは、このような手法によって書かれた『冷血』を「ノンフィクション・ノベル」と名づけた（ウィキペディア「冷血」の項を参照した）。

清張の短編「闇に駆ける猟銃」は、今日、中公文庫で読める。中公文庫の一二～一三ページには、次のようにある。

津山事件は――と人々はそう名づけている――ある意味で日本の山村のもつ宿命の中に起った事件ともいえる。山あいに押しこめられて孤絶した環境、一切の娯楽から切りはなされた条件、生活に強《し》いられている単調な労働。毎日見るのはいつも同じ顔だ。自分のことはもとより、祖父母や曽祖父母、その遠い係累の履歴まで全部村人が知っている。

ちょっとした夫婦喧嘩も三十分後には全村に知れわたっている。隣の家との間は遠いが、噂《うわさ》の波及はおそろしく速い。外界と遮断されているこの小社会は、それ自体、同じ家の中に暮しているようなものだ。狭隘《きょうあい》な、息の詰りそうな場所である。その上に、因習と頑固な偏見とが根を張っている。因習のなかには、古い農村に独特な「性の風習」もある。

まず清張は、「因習に支配された閉鎖的な小集落」が、事件の背景にあると読みとったもようである。

このあと清張は、徐々に事件の核心に迫ってゆく。読んでいて感じるが、おそらく清張は、現地に足を運んでいない。関係者に対して、直接、取材していない。しかし清張は、この短編において、事件の背景、被疑者・都井睦雄《といむつお》の人物像、事件にいたるまでの経緯、犯行の実際、事後の経過などを、詳細に記述している。犯行の描写などは、臨場感にあふれたものになっている。これには理由がある。

清張は、この短編を書くにあたって、ひとつの有力な資料を閲覧し、それを縦横に活用している。その資料とは、司法省刑事局がまとめた『津山事件報告書――岡山県苫田郡西加茂村に於ける三十三人殺傷事件』である。五〇〇ページに近い大冊である。発行年月は不明だが、「序」の最後に、「昭和十四年十二月」という日付がある。

報告書は三部構成になっている。第一部「記録篇」には、捜査関係者の報告書、犯行現場の写真・見取図、被疑者・都井睦雄が残した三通の遺書などが収められている。第二部「資料篇」には、「関係人供述要旨」、被疑者の学業成績・素行関係の資料などが収められている。第三部「研究篇」は、司法関係者、法医学者、報道関係者など十三名による「研究」を集めている。
まことに至れり尽くせりの報告書であり、松本清張の読解力・洞察力、そして構成力・筆力を以てすれば、同報告書を用いて、「闇に駆ける猟銃」のような短編を仕上げることは、難しいことではなかったと思われる。

さて、松本清張は、この大量殺人事件を、どのように捉えたのであろうか。この事件に対する清張の感想や論評は、短編の随所に見られるが、かなり抑制的なものになっている。そのかわりというのか、関係者による「事件観」を何度も引いている。たとえば、塩田末平検事の文章が、次のように紹介されている。

「かくの如くに彼は自己の肺患をその実相の程度以上に重患と妄想し、人生の希望のすべてを失って自暴自棄に陥った一面、肺患の独居は彼の情欲を不自然に昂進《こうしん》せしめて、無暗やたらに近隣の婦女に手を出しはじめた。しかし、その情欲は到底容れらるべくもなくしてほとんど全部相手方の拒絶に遭い、徒《いたず》らに村民の軽蔑と嘲笑《ちようしよう》を買うのみであったが、それは本来極端に我《エゴ》の強い彼にとっては堪えられない苦痛であった。(後略)」(中公文庫、四六ページ)

清張は、こういう関係者の言葉を引くことによって、間接的に、みずからの「事件観」を示そうとしたのかもしれない。

先に清張は、事件の背景に、「因習に支配された閉鎖的な小集落」を見出していた。一方、塩田末平検事は、右の文章で、情欲、肺患、嘲笑の三つを事件の要因に挙げていた。

これらを、キーワードに還元すれば、「小集落」、「閉鎖性」、「因習」、「情欲」、「肺患」、「嘲笑」ということになろうか。都井睦雄の犯行は、これら六つのキーワードによって、かなりのところまで説明できるように思う。

ただし清張は、時代背景にかかわる、もうひとつ別のキーワードを用意していた。それは「戦争」である。この短編の末尾の一節を引いておこう。

> しかし津山事件の場合は日華事変の最中であった。新聞は連日のように敵兵の大量死者数を発表し、日本軍隊の勇敢を報道していた。一人の機関銃手が数十人の敵兵をみな殺しにしたという「武勇談」も伝えられた。これが睦雄の心理に影響を与えていなかったとはいえない。げんに彼の犯行時の服装からして空想的な日本兵の漫画によるヒントだった。津山事件には戦争の翳《かげ》も落ちていたのである。（中公文庫、一〇八ページ）

清張の短編「闇に駆ける猟銃」には、「村八分」という言葉は出てこない。しかし、この短編で清張が描いていた小集落、閉鎖性、因習、嘲笑といった要素は、「村八分」に共通する要素でもある。「村八分を描いた作品から」の章で紹介した所以である。

＊

◉コラム……津山三十人殺しは村八分が原因か

石川清氏の『津山三十人殺し　七十六年目の真実』（学研パブリッシング、二〇一四）は、この事件の「真実」に肉迫した労作であり、好著である。石川氏は、二〇一〇年、この事件で辛うじて難を逃れた寺井ゆり子さん（仮名）にインタビューし、犯人の都井《とい》睦雄《むつお》に関する重要な証言を引き出している。少し、引用させていただこう。カッコ内は、石川氏の注である。

「……耳が遠いので、すみませんなあ。貝尾の事件？

都井むつおさんの事件？　もう九十三歳でしてなあ。むつおさんの事件？　わたしは同級生でした。

家族が死んだとき、津山まで呼び出されて、警察で話しました。（中略）

むつおさんはなあ、村八分になったんじゃ。近所の人もあぶない、あぶない、と私たちに教えてくれておった。

むつおさんは、結核でのお。わたしらは、むつおさんを見ると、道から外れて、田んぼのほうへ避けて通った。

むつおさんは、タンスの片づけにきてくれと嘘を言って、家に呼んで、おさえられたりしました。

みんなに嫌われたのがつらかったんじゃろうな。もうそれが、七十年以上も前のことだったんです。二十二のことでした。子供ができる前のことです。これが娘（次女。昭和二十一年生まれで、通訳をしてくれた）です……」

ゆり子さんは、「むつおさんはなあ、村八分になったんじゃ」と言っている。しかし「村八分」は重い制裁で、集落住民の決議を経て発動される。また、その対象は、個人でなく家である。当時、都井睦雄が、あるいはその一家が、「村八分」になった形跡はない。

ここで、ゆり子さんが、「村八分になった」と言っているのは、この集落＝西加茂村貝尾地区の住民、特に女性たちから嫌われ、相手にされなくなったというほどの意味だったと思う。

また私は、ゆり子さんが、このインタビューの際、本当に「村八分」という言葉を使ったかどうかについても、疑問を抱いている。このインタビューは、次女の方の「通訳」を介しておこなわれたという。次女の方が、「村八分」に相当する別の言葉を、「村八分」と通訳したのかもしれないし、「相手にされなくなった」という事態を、「村八分」と表現したのかもしれないからである。

いずれにしても、この事件の原因を「村八分」に求めることはできない。私は、むしろ、事件の舞台となった集落の女性たちが、なぜ、この時期、睦雄に対し、辛く当たり始めたのかという視点が重要だと思う。この集落の女性たちは、それまで、性に対しては、かなり「寛容」だったと思われるからである。

集落の女性たちが、睦雄に対し、辛く当たるようになった理由としては、「ロウガイスジ」（肺病）のウワサ、徴兵検査の丙種合格（実質上の不合格＝当時は成人男子に対する否定的烙印）のふたつが、まず考えられる。私は、このふたつに加えて、一九三五年（昭和一〇）、西加茂村が岡山県から、「教化村」に指定されたことを挙げたいと思う。

「教化村」に指定されたということは、「オマエの村は、夜這いが多い、淫風がひどい」と言われたようなものである。この指定の結果、集落の女性たちには、有形無形の圧力が加わるようになったのではないか。そのことによって、彼女たちの睦雄に対する態度も、厳しいものに変わっていったのではないか。

なお、「教化村」指定のごとき淫風矯正の動きは、まず間違いなく、満州事変以降に進んだ「戦時体制化」の一コマである。松本清張のいう「戦争の翳《かげ》」（本章第5節参照）は、こういうところにまで落ちていたのである。

第八章　村八分研究の課題

1　カゲグチは「村の制裁」に含まれるか

本章のタイトルを、「村八分研究の課題」とした。村八分研究の「課題」だと思うところを、順不同で述べてゆくことにする。ここで、本書がみずからに課した「課題」に、みずから答えてゆけたら、と考えている。最初は、「カゲグチ」をめぐる課題。

民俗学者の竹内利美《としみ》は、「村の制裁」を九つの形態に分類し、その九番目に「面罵と蔭口」を挙げた（本書第一章第3節参照）。一方、法制史学者の神崎直美氏は、近世における村の制裁を十五種に分類した。すなわち、過料、追放、村八分、身体刑、権益剝奪、晒《さらし》、労役、戸締《とじめ》、賤役《せんえき》、入《にゅう》寺《じ》、家毀《こぼ》ち、引き廻し、死刑、人形送り、家格下げの十五種である〔神崎1998：p358〕。

神崎氏の分類には、面罵や蔭口は入っていない。神崎氏は、収集した近世の成文村法に基づいて、この分類をおこなった。成文村法には、面罵や蔭口についての規定がなかった、その結果、このような分類になったということだろう。

有名な津山事件（津山三十人殺し）は、山間部の小集落で、面罵や蔭口の対象となって孤立した都井睦雄《といむつお》が、集落の住民に復讐しようとして起こした事件だったという。このとき、隣家の床下に隠れ、辛うじて難を逃れた寺井ゆり子さんは、のちに、この事件を振り返り、「むつおさんはなあ、村八分になったんじゃ」と語ったという（第七章末のコラム参照）。

しかし、都井睦雄が、実際に「村八分」になった形跡はない。ゆり子さんは、都井睦雄が集落の女性たちから、面罵を浴びせられ、カゲグチを叩かれていたことを「村八分になった」と表現したのだと思う。

初期の竹内利美の研究に、「「かげぐち」の考察」という論文がある。初出は、『科野《しなの》雑記』という雑誌の第二号で、一九三八年（昭和一三）五月の発行だという〔柿崎1988：p223〕。次に、同論文の一部を引いてみよう。引用は、竹内利美編『信州の村落生活（中）』（名著出版、一九七六）より。

カゲグチはこうして村の生活では一の制裁として強大な効果を発揮し、その個人の行動を抑制するばかりでなく、更に他の明確な形態を持つ制裁を発動させる原動力ともなる。それによって結成された多数者の意志が一旦公的の場面に持寄られるなら、やがてそれは「村ハチブ」

「追放」「過料」其他の制裁の発動を促す事にもなり、祭礼等の場合の群の昂奮を藉《か》りては、「面罵」となり「暴行」ともなるであろう。つまり、これらの制裁の発動には「下染《したぞめ》」としてまずカゲグチから始る公的非難の漸次の結成が用意されねばならぬのである。こうした意味からもその力は注意すべきものであろう。

説得力に富む指摘である。「村の制裁」は、実質的な「効果」という面から捉えるべきであって、面罵やカゲグチも、やはり「村の制裁」に含めるべきだと考えたい。

ところで、「『かげぐち』の考察」という論文が発表されたのは、一九三八年五月だったが、津山事件もまた同年同月に起きている。竹内利美が、長野県辰野町でカゲグチについて考察をおこなっていた時期、都井睦雄は、岡山県西加茂村でカゲグチにさらされていたことになる。

2　村八分は、明治になって「多発」したか

本書第六章第4節で、中村吉治《きちじ》の『日本の村落共同体』（日本評論新社、一九五七）を紹介した。この本には、ジャパン・パブリッシャーズ版という新版がある。

一九七七年（昭和五二）一二月、ジャパン・パブリッシャーズから、『日本の村落共同体』の新版が刊行された。その巻末には、民俗学者の谷川《たにがわ》健一（一九二一〜二〇一三）による「解説」が付されている。実は、この新版は、谷川健一の働きかけによって実現したのである。

谷川の「解説」は、たいへんすぐれたものだった。やや長くなるが、引用させていただこう。

今から二十年前、日本の学会や論壇を近代主義者たちがリードしていた頃、封建遺制という言葉がよく使われていた。日本の近代が未熟であり跛行的であるのは、封建遺制のためであり、近代社会の諸悪の根源は封建遺制にあるという云い方が、何のためらいもなく横行していた。私は、近代の悪を封建遺制に求めるということがどうしても納得ゆかなかった。

たとい日本の近代に封建的とみられる要素がまじっていたとしても、それは封建的因習が残留したと見るべきではなく、日本の近代自体のこととしてそれを受けとめねばならない。それにもかかわらず、進歩的な学者、近代主義的思想家は、封建遺制として片付けることで、近代に生きる自分たちの責任を免除しているではないか、というのが私のひそかな主張であった。

（中略）

私はそうしたとき本書を偶然手にとった。そうして私は本書によって、自分の考えが正しいことを知ったのである。本書の最終部分に言及されているが、明治以降の共同体は擬似的な共同体であって、生産を基盤としたかつての真の共同体ではない。生産の単位は、近代になって共同体から各戸へと分解する。だが祭りをおこなったり、学校をたてたり、用水路をつくったり、という公共的な場での共同体的規制は残存する。（中略）本書は一見封建遺制と思われる村八分が、じつは共同体の分解過程にかえって多発することを強調する。なぜなら生産共同体では共同作業の仲間から労働力をはずすことはたやすくできないからである。

中村学説が画期的だった所以を、明快に、かつ熱をこめて説いている。谷川自身の「思想」が、そこに見え隠れしているところも興味深い。

ただし、傍線を引いた部分に、若干の問題がある。中村吉治は、村八分は「共同体の崩壊過程においてのみ生じるものである。明治の村などで、もっとも生じやすいものである。」と言っていた。慎重にも、「多発する」という言葉を避けていたのである。

谷川は、一九九一年五月二七日（月）の『毎日新聞』に「進歩という迷信から解放」という文章を寄せ、その中でも、中村の『日本の村落共同体』について語っている。そこで谷川は、「「村八分」は江戸時代には起こりにくく、明治になって多発する。」という形で、中村説を紹介した。ここでは、「明治になって多発する」と踏みこんだ。

村八分が「明治になって」、「多発」したことは、ありえたことであり、事実、その通りだったと思うが、まだ、検証はされてはいない。中村も、「村八分は明治になって多発した」とまでは言っていない。

本書第四章第1節でも述べた通り、明治期における村八分の実態をつかむのは、意外にむずかしい。明治になって村八分が多発したことを実証するのは、さらにむずかしい。「村八分は明治になって多発した」ことを、どのように裏付けるのか。それを裏付ける史料を、どのように探し出すのか。このあたりは、今後の「村八分研究」の重要な課題となろう。

3 「封建遺制」とは何か

「村八分」は基本的に「近代の所産」であって、「封建遺制」ではないというのが、本書の立場である。しかし、「封建遺制」とは何か、もうそれは、日本の社会には残存していないのか、残存していないとすれば、それはいつごろ消え去ったのか、といった問題は、なお残っていると考える。

第六章第5節で、大門正克《おおかどまさかつ》氏の『近代日本と農村社会――農民世界の変容と国家』（日本経済評論社、一九九四）という本を紹介した。大門氏は、一九二〇年代の農民運動に関して、同書の一一二ページで、次のような興味深いことを述べている。

ところで、農民運動は、小作階級の結集が不可欠の条件であることを小作農民に教えたが、その農民運動を通じて小作農民が希求したことは、何よりも「人格」を解放することであった。この時期の小作農民の自己認識の中で大きな比重をしめたものは、「階級」ではなく、「人格」であった。このことは、地主小作関係の特質にかかわる事柄であった。農民運動以前の地主小作関係は、単なる経済的な契約関係ではなく、人格的・身分的な従属関係をふくむ特有の社会関係を形成していた。小作料の減額を直接の課題にした農民運動を通じて、小作農民は小作料減額だけでなく、人格的・身分的依存をふくむ地主小作関係の総体を問題にした。小作農民がめざした「人格」とは、小作料契約や農村の日常で地主に従属しない社会関係であり、農村社会の中で一人前に扱われる自己にほかならなかった。

一九二〇年代の農民運動のテーマは「人格の解放」であった、と大門氏は指摘する。傍線部に注意されたい。農民運動以前の地主小作関係は、「人格的・身分的な従属関係」を含む特有の社会関係であった。小作人にとっては、「人格的・身分的な従属関係」から解放されること、すなわち「人格の解放」であった。

近代における地主小作関係は、基本的に契約関係なのであって、封建関係ではない。にもかかわらず私は、ここに出てくる「人格的・身分的な従属関係」は、やはり「封建遺制」であった、と捉えたい。

中野清見《きよみ》著『新しい村つくり』（新評論社、一九五四年六月。農村新書版は一九五五年三月）という本がある。著者の中野清見は、戦後、岩手県江刈村の村長として、強力に農地改革を推進した人物として知られる。その中野が、深夜、村長室で農地改革の策を練っていたとき、ひどくやつれた姿の男が入ってきた。貧乏人を助けてほしい、ということが言いたくて、雪の中を、わざわざ訪ねてきたのである。

その夜、この男の語ったところによると、地主から荒地を借り、田を起こしても、その半分は地主の世話人のために取り上げられてしまうという。「何よりつらいのは、自分の田植をしようと思って苗の準備をしたとき、地主から賦役《ぶやく》を課せられることだ。一切を投げて行かねばならない。村長さんは、貧乏人を助けようとしていなさるというが、何分よろしく頼みます」と言って、帰っていった（農村新書版、九七ページ）。

ここで、賦役《ぶやく》というのは、支配者が従属者に課した労役のことである。この農民は、『新しい村つくり』では、「小作人」と表現されていたが、実は、江刈村の某旧家に隷属していた「名《な》子《ご》」であった〔中野1989：p52〕。

東北の一部では、戦後になってもなお、「名子《なご》」と呼ばれる身分が残存していた。まさに「封建遺制」と呼ぶべき事象であった。この「名子」という身分が解消されたのは、いつだったのだろうか。

4　名主は、なぜ「内済」にこだわったのか

本書第三章第2節で、下総国《しもうさのくに》豊田村の名主《なぬし》・十左衛門《じゅうざえもん》が、同村および隣村の長沖《ながおき》村で、「村八分」事件を調停した話を紹介した。

十左衛門は、自分の村で起きた「村八分」事件（事例と）の際、村民に不行届があった場合には、村役人へ申し出るのが筋だと述べた。惣村《そうそん》による「私的制裁」を否定し、村役人による処置を筋（道理）とする立場を示したのである。もっとも、この事件で十左衛門が具体的に採った措置は、「村八分」をやめさせることであり（惣村と金右衛門とを「和融」させる）、村役人として公儀に

事件を届けるなどの措置を採ろうとした形跡はない。
この点は、長沖村の事件を扱った際も同様であって（事例な）、十左衛門が目指したのは、もっぱら「内済」による解決（訴訟によらない解決）であった。「内済」を目指した十左衛門は、徹夜の調停作業をおこない、いったんは「内済」を整えることができた。そのあと、百姓の源蔵が公儀に出訴したあとも、十左衛門は、なお調停を続け、ついに「内済」を実現したという。驚くべき粘りである。

それにしても、なぜ十左衛門は「内済」にこだわったのだろうか。これは、なかなか難しい問題だと思うが、本書第六章第5節で紹介した水本邦彦氏の研究に、解決のヒントがあるように思った。
水本邦彦氏の著書『近世の郷村自治と行政』を、その際に引用させていただいた。第七章の二一六ページからだった。そのすぐあと（同ページ）、水本氏は次のように説いている。

以上、三つの角度から、公儀の法と村の掟との関係について検討を加えた。本節〔第七章第三節〕での分析結果を要約すれば、つぎの二点になる。
(1)　第一節、第二節での整理から明らかなように、近世の村々は、盗みに対して公儀とは異なる法・刑罰の体系を保持していたが、公儀の法が私的制裁を禁じていたため、その実現は常に「違法」行為として罰せられる危険を孕んでいた。しかし、追放刑の事後処理方法が典型的に示すように、それは公儀の統治体系に抵触せぬ形を巧みに取りながら、厳然と遂行されていた。

(2) 両者の基本的関係は、(1)のごとき対立の両側面において存在したが、しかし部分的には両者は相互に依存しあっていた。村の側からいえば、公儀の刑罰体系の部分的活用がそれであり、逆に公儀の側は「内証」の場面において村の制裁に依存していた。

近世における公儀の法と村の掟は、このように、対立を基本としながら、一部相互に依存しあう形を以て構造化されていたといえよう。

示唆に富んだ指摘である。私はこれを読んで、豊田村の名主・十左衛門がなぜ「内済」(水本氏のいう「内証」)にこだわったのか、はじめて理解できた。

近世における「名主」は、村の側からすれば公儀の立場に立ち、公儀の側からすれば村の立場に立つという微妙な立場に立っていた。村に対しては、公儀の立場に立ち、タテマエ上、「村八分」のような「私的制裁」を否定しておく。しかし、係争が生じない限りは、村の立場に立って、そうした「私的制裁」に目をつぶる(黙許する)。

万一、「村八分」などをめぐって係争が生じた場合は、公的な訴訟に発展しないよう、調停による「内済」にこだわった。これは、村の名誉のためでもあったし、また公儀に負担をかけないためでもあったろう。名主としての地位を守るという意味もあったのかもしれない。

それにしても、水本邦彦氏の「近世における公儀の法と村の掟は、対立を基本としながら、一部相互に依存しあう形を以て構造化されていた」というテーゼは秀逸である。これまで見えていなかったものが、これによって見えてくるかのようであった。

5　地方軽犯罪法と近代村法

神谷力《かみやちから》『家と村の法史研究——日本近代法の成立過程』（御茶の水書房、一九七六）の第七章は、「「村」と軽犯罪法」と題されている。この研究は、愛知県を例に、明治初期の「地方軽犯罪法」の実態について研究したものである。

これを読んで驚いた。たとえば次のようなことが指摘されていたからである。

○かくして、この〔違警罪〕即決例の制定により、警察官吏の裁判官としての地位が特定され、正式裁判を請求しうる規定の範囲内で行政官が裁判をなしうることが法認されるにいたった。まさに、即決例は、警察権力による裁判権の一部執行を法制化したものであり、わが国における法治主義の本質をいかんなく示したものであるといえよう。（六一二ページ）

○当時の県の警察力と組織とでは、地方末端の違警罪犯人を十分に取締ることができなかったことは推測に難くない。これがため、町村戸長が、治罪法の規定とあいまって、警察官とともに地方の違警罪犯人を取締り、県の警察力を補完したのであった。（六一三ページ）

○さらに、各村方の村法《そんぽう》・村極《むらぎめ》のなかへ県の違警罪条項が規定されて、「村」共同体自体が地方の違警罪犯人を取締る装置として機能した。すなわち、次の押売、無届旅行、賭博に関する違警罪条項を規定した村極は、その一例ではあるが、これらの村極をとおして、村民の違法行為が規制されたのである。（六一九ページ）

知らないことばかりであった。特に、三番目に引用した部分に驚いた。すなわち、違警罪条項を規定した村極が作られ、「村」が違警罪犯人を取り締まる装置として機能したと述べている部分である。

神谷のこの研究には、豊富な史料が引用されている。六二〇ページから、ひとつだけ紹介しておこう（句読点、濁点、ルビは引用者）。

明治一六年二月北設楽郡川合村申合規約（抜粋）

第一条　此申合《もうしあわせ》規約ハ、当郡役所、併《ならび》ニ関係警察署、裁判所へ届出、違背之者、有之《これある》節ハ、厳重御取締奉《たてまつり》候事。

第二条　村内乃者、誰彼拘ラズ、他行之《たぎょう》節ハ、必ズ戸長役場へ届出、旅行通券《つうけん》申受、持参可致《いたすべき》事。但、三日以内ハ、此限ニアラズ。

第六条　旅行通券、持参不致《いたさぬ》旅行者ハ、警察官ニ於テ、御見当次第、帰村御申付被下度《くだされたく》、若《も》

シ平服不仕《つかまつらぬ》心得違之者、有之《これあり》候へバ、御手数乍《なが》ラ、巡査方ヲ以テ、御伝達被下度《くだされたき》事。

この規約について、神谷は、次のようにコメントしている。

たとえば、右の無届旅行に関する川合村申合規約が示すように、村民が他行《たぎょう》するときには、次のような他行願と旅行通券《つうけん》願を戸長に差出し、戸長はこれを検証して、通券を与え、村民はこの通券を持参して他行し、帰村した場合は旅行通券を戸長に返却することになっており、万一村民が無断で他行した場合には、戸長はその者を村極及び県の違警罪条項の違反者として、警察官に告発したのである。こうした「村」共同体の規制によって、地方の違警罪罰則とその取締が補強されたことに注目しておかねばならない。

同様のことが、同時期、全国で起きていたのかどうかは知らない。しかし、少なくとも、愛知県では、県の違警罪条項が村の規約（近代村法）に取り込まれ、県の警察権力と村の制裁機能とが一体化するという事態が生じていたのである。これは、「日本の権力構造の謎」に関わる、たいへん重要な指摘だったと思う。

神谷の前掲書には、なぜか初出が示されていない。しかし、第七章「「村」と軽犯罪法」については、初出を確認した。「明治初年における地方軽犯罪法制の研究――とくに愛知県軽犯罪法を中心として」(『愛知学芸大学研究報告　社会科学』第八輯・第一〇集、一九五九年二月、一九六一年二月)である。

初出からすでに六十余年、この研究が提起した問題は、いまだに正当に評価されていない、と私は見る。

6　戦中の隣組と「同調圧力」

「とんとんとんからりんと隣組」。戦時期の日本には、「隣組」という組織があった。「隣組」は、大政翼賛会(一九四〇年一〇月発足)の末端に位置する組織であった。江戸時代の「五人組」から発想を得たとも聞くが、「隣組」は戦中期の産物であって、もちろん「封建遺制」などではない。

ちなみに、大政翼賛会の組織系統は、大政翼賛会中央本部―道府県支部―郡市支部―町村支部―町内会(部落会)―隣組というふうになっていた。

「隣組」では、定期的に「常会」(隣組常会)と呼ばれる会合が持たれていた。

鈴木嘉一著『隣組と常会』(誠文堂新光社、一九四〇)という本がある。いま、その八ページを開くと、次のようなことが書かれている。かなづかいは、原文のまま。

精動〔国民精神総動員運動〕等では贅沢禁止に大童《おほわらは》になつてゐるが、若《も》し常会で「毛皮の襟巻は止めませう」と申合せたならば、近所の手前、もう決して毛皮の襟巻は着て出られない。「雀の巣の様《やう》な髪は止めませう」「濃厚な口紅は止めませう」との申合せができると若い娘さん達も自粛せざるを得ない。ビラよりも立《たて》看板よりも、そして街頭監視隊よりも何ものにも優る効果が衷心よりの理解の下《もと》に和《なご》やかな気持で実行せられるのである。

筆者の鈴木嘉一（当時、企画院調査官）は、「常会」の効果を、右のように強調した。「ゼイタク禁止」に効果があるのは、ビラでも、立て看板でも、街頭監視隊でもなく、隣組の常会だと言う。

コロナ禍のもとにあったここ数年、「自粛警察」、「同調圧力」などという言葉が聞かれることが多かった。戦時下では、実際に「街頭監視隊」という名の「自粛警察」が活動していた。しかし、それにも増して効果的だったのは、「常会」の席での「申合せ」だった、と鈴木は言う。

ここで私が言いたかったのは、「自粛警察」や「同調圧力」のルーツは、「隣組」や「常会」にあった、などということではない。「自粛警察」や「同調圧力」のルーツということであれば、むしろ、明治初期の「地方軽犯罪法」に注目すべきであろう。

戦時下の国民大衆の間に「自粛」や「同調」が広がったのは、国からの要請や指導を国民大衆が進んで受け入れたことを意味しているということ、ここ数年のコロナ禍のもとにおいても、国からの要請や指導を国民大衆が進んで受け入れるという、戦時下とよく似た現象が起きた、ということを私は申し上げたかったのである。

ちなみに、戦中の隣組において、定期的に「常会」を開くという発想の元になったのは、大日本報徳社が、一八七六年（明治九）に始めた「常会」だったという。大日本報徳社の「常会」の元をさらにたどると、二宮尊徳が開いていた「芋こじ」という会にゆきつく。サト芋を桶の中でかきまわすと、サト芋同士がぶつかり合って、皮がはがれる。これを「芋こじ」という。同様に里人《さとびと》が相互に切磋琢磨する会を、二宮尊徳は「芋こじ」と名づけたという。真偽は不明だが、前掲『隣組と常会』に書いてあったことである〔鈴木1940：p22〕。こういうことを説明している本はあまりないと思うので、参考までに引いておいた次第である。

7　村八分は「私的制裁」か

本書の冒頭、第一章第1節で私は、『広辞苑（第七版）』の「むらはちぶ」の項のうち、①の説明には、再考の余地があると述べた。その説明を、再度、掲げる。

①江戸時代以降、村民に規約違反などがあった時、全村が申合せにより、その家との交際や取引などを断つ私的制裁。

「村民」、「全村」という言葉のアイマイさも気になるが、今はその点は問わない。最も問題だと思うのは最後の「私的制裁」という言葉である。

本章第4節で見た通り、近世の「村八分」は、タテマエ上は、たしかに「私的制裁」であった。公儀の立場からは、否定されるべき制裁であった。しかし、これはあくまでも、タテマエ上の話であって、係争として表面化しない限り、名主は、村が発動する「村八分」などの制裁を「黙許」していた。公儀もまた、名主が「黙許」していることを「黙許」していたのだと思う。「村八分」の本質について、この辺で、本書の捉え方を明らかにしておくべきだろう。「公権力から黙許された私的制裁」、これである。公権力から黙許されている「半・公的」な制裁、と言い換えてもよいかもしれない。

いずれにせよ、「むらはちぶ」を、単に「私的制裁」としてしまうことには、問題があるのではないか。

「問題がある」と言うだけは無責任なので、「むらはちぶ」の項①の「改訂案」を作ってみた。もちろん「私案」である。

①村・集落の構成員に非違行為があった時、村・集落の申合せにより、その家との交際を断つ慣習。

参考までに、新村出編『言林』（全国書房、初版一九四九年三月）における「村払」（むらばらい）の説明、新村出編『広辞苑』第一版（岩波書店、一九五五年五月）における「村八分」、「村払」の説明を、この順番で掲げてみる。

むらばらい〔村払〕（名）江戸時代、その村から放逐した刑。

むらはちぶ【村八分】村民に規約違反などの行為があった時、全村が申合せにより、その家との交際や取引などを断つ私罰的な慣習。

むらばらい【村払】江戸時代、その村から放逐した刑。

8 「いじめ」と「村八分」

ここまで本書は、「村八分」という問題について論じてきた。さらに、「いじめと村八分」という問題について論じなければならないところだが、十分な用意がない。

ただ、「いじめ」と「村八分」とが、ごく近い関係にあることは、ハッキリ指摘しておかなければならない。本章の第7節（前節）で私は、「村八分」の本質は、「公権力から黙許された私的制裁」だと述べた。「いじめ」にもまた、「公権力から黙許された私的制裁」という側面がある。

オランダ出身のジャーナリスト、カレル・ヴァン・ウォルフレン氏は、「いじめ」という問題に、強い関心を持っていたようだ。その著書『日本／権力構造の謎』上下（早川書房、篠原勝訳、一九九〇）の中で、次のようなことを述べている。引用は、ハヤカワ文庫（一九九四）より。

当局の調査が明らかにしたのは、他の子供とどこか違う子を、先頭に立って集団で制裁する教師が多いことや、不文律に違反した生徒を除け者にするのにも教師がしばしば同意を与えていたということである。周囲に自分を合わせることは日本の社会では高く評価されるが、〝いじめ〟が同調を強いる目的でおこなわれるのは許されない、と結論で述べている。前述の臨教審リベラル派メンバーは、新聞社代表との会談で、この問題は日本社会の秩序の乱れを反映しているとまで言いきった。軽い（時として、それほど軽くない）形の威嚇は、社会における権力のヒエラルキーを維持するのに役立つと考えていることは、ふだんはおくびにも出さない彼らなのだが、思わず本音を吐いてしまったようだ。生徒にけしかけて弱い者いじめをさせる教師は、まさしく〈システム〉がいかに機能するかを示す一つの範例といえる。（ハヤカワ文庫・上巻二一一ページ）

ウォルフレン氏は、同書で、日本という国の「権力構造の謎」に迫った。氏は、その「謎」を、人々に同調を強いる〈システム〉に見出したようだ。おそらく氏は、「いじめ」もまた、人々に同調を強いる〈システム〉の一環であると把握し、関心を示したのであろう。

ウォルフレン氏の本には、「村八分」という言葉は出てこない。氏は、「村八分」という事象を知らなかったのだと思う。知っていれば、必ず、それに強い関心を示したはずだからである。

＊

◉コラム……愛知県人が物貰いに厳しい理由

かつて、『浮浪と乞食《こつじき》の民俗学』（批評社、一九九七）というアンソロジーを編集したことがある。そのとき、卜部《うらべ》哲次郎という人の「乞食行脚」というエッセイを見つけて、そこに収めた。『旅と伝説』の一九三一年（昭和六）六月号に載っていたものだった。

著者の卜部哲次郎については詳しくない。「乞食坊主」を自称していたが、文字通り托鉢＝乞《こつ》食《じき》をしながら、諸国を流浪していたことがあったようだ。

その卜部が、同エッセイのなかで、次のようなことを言っている（かなづかいなどは、現代風に直した）。

「静岡県は仏教、殊に禅宗の盛んな地であり、かつ土地は沃《こ》え気候は好いので一般に裕福であり、それに僕の友人兼檀《だん》家《か》が大勢いるので、僕は静岡県を縄張りとしていたが、妙なことに足一度お隣の愛知県に入ると、まるで乞食の成績が悪いのである。昔から名古屋人はケチだという。交通の発達した今日、地方的気質などはおいおい解消するはずなのだが、やはりなお、二代や三代は遺風が存するのであろうか。」

これを読んで以来、今日まで、愛知県人はケチであり、物貰いが来ても断る人が多いらしいと思いこんでいた。ところが今回、神谷力の労作『家と村の法史研究』（御茶の水書房、一九七六）を読み、断然、その先入観を改めた。愛知県人が物貰いに厳しいのは、ケチだからではない、明治中期に作られた「村法」の影響であろう、と思うようになった。

神谷力は『家と村の法史研究』の第六章「「村」と規約」の中で、一八九一年（明治二四）に作られた「明治二四年愛知県西加茂郡石下瀬《いしがせ》村「各区盟約書」」（抜粋・村会議定規約）というものを紹介している。その一条には「物貰人ニ対シ各自厚ク注意シ何品ヲ不論一品タリトモ不与候事」とあり、二条には「第一条ヲ犯シタルモノハ違約償トシテ一度ニ付米一升ツヽ可差出事」とある。要するに、物貰い（乞食）に物を施してはならない、施した者は、村に「米一升」を差し出せ、というのである。

こんな規約を村で決めることが許されるのか、という疑問が湧くが、それが許された時代だったと考えるしかない。村の住民も、そうした規約を受け入れていたのであろう。

いずれにしても、こういう規約を持つ村にやってきた物貰いは、「一品タリトモ」物を貰うことができず、退散したに違いない。しかも、この時代、愛知県下の各村で、同様の規約が作られていたに違いない。「愛知県に入ると、まるで乞食の成績が悪い」という卜部哲次郎の印象は、間違いではなかったと思う。

愛知県人が、今日でも、物貰いに厳しいのかどうかは知らない。もし今でも、そうだとしても、それは愛知県人が「ケチ」だからではない。明治中期に作られた村規約の影響で、愛知県人の間に、物貰いに厳しく当たる気風が形成された、ということだと思う。

参考文献（太字は特に重要なもの）

- 朝日新聞山形支局『マット死事件』太郎次郎社、一九九四年一〇月
- **荒井貢次郎「制裁」**大間知篤三ほか編『社会と民俗Ⅱ』（日本民俗学大系　第四巻）平凡社、一九五九年八月
- 有泉貞夫「明治国家と祝祭日」『歴史学研究』第三四一号、一九六八年一〇月
- 有元正雄「北陸門徒の入百姓と寛政改革」『日本歴史』第五五五号、一九九四年八月
- **有賀喜左衛門『村落生活——村の生活組織』**国立書院、一九四八年一一月
- 石川　清『津山三十人殺し　七十六年目の真実』学研パブリッシング、二〇一四年三月
- 石川　謙『五人組から隣組へ』西村書店、一九四〇年一二月
- **石川さつき『村八分の記——少女と真実』**理論社、一九五三年二月
- **井上　攻「村のしくみと生活」**龍ケ崎市史編さん委員会編『龍ケ崎市史　近世編』龍ケ崎市教育委員会、一九九三年三月
- **岩本由輝『柳田國男の共同体論』**御茶の水書房、一九七八年七月
- カレル・ヴァン・ウォルフレン（篠原　勝訳）『日本／権力構造の謎』ハヤカワ文庫、一九九四年四月（元版一九九〇年）
- 卜部哲次郎「乞食行脚」『旅と伝説』第四年第六号、一九三一年六月（礫川全次編『浮浪と乞食の民俗学』批評社、一九九七年七月）
- 卜部哲次郎「山の断片」『旅と伝説』第五年第三号・第五号、一九三二年三月、五月
- **大門正克『近代日本と農村社会』**日本経済評論社、一九九四年二月
- 大森鐘一・一木喜徳郎共編（大森鐘一執筆）『市町村制史稿』元元堂書房、一九〇七年二月
- **小野武夫「徳川時代の村極（ムラギメ）」**『増訂　日本村落史考』刀江書院、一九二七年七月
- 岡田淡山「二宮大先生の七大誓願」『二宮尊徳全集　第三十六巻』二宮尊徳偉業宣揚会、一九三一年一一月
- 小原　擁「内部通報で会社と8年闘争　オリンパス元社員が直面した法の不備　内部告発、その後を追う（3）」日経ビジネス電子版、二〇二一年一一月二二日
- 神島二郎『近代日本の精神構造』岩波書店、一九六一年二月
- 神島二郎「日本的共同社会の政治原理——支配と帰嚮を中心に」『伝統と現代』第四三号〈共同体論〉、一九七七年一月
- 柿崎京一・黒崎八洲次良・間　宏共編『有賀喜左衛門研究——人間・思想・学問』御茶の水書房、一九八八年一一月
- 神谷　力「明治初年における地方軽犯罪法制の研究——とくに愛知県軽犯罪法を中心として」『愛知学芸大学研究報告　社会科学』第八輯・第一〇集、一九五九年二月、一九六一年二月
- **神谷　力『家と村の法史研究』**御茶の水書房、一九七六年一二月

一月
●川島武宜『日本人の法意識』岩波新書、一九六七年五月
●神崎直美『近世日本の法と刑罰』巌南堂書店、一九九八年一二月
●木内勇吉『猿倉人形遣い独り語り――楽屋裏からの世間史』秋田文化出版社、一九八七年一月
●菊島隆三「気違い部落」『菊島隆三シナリオ選集Ⅰ』サンレニティ、一九八四年六月
●亀卦川浩『明治地方自治制度の成立過程』東京市政調査会、一九五五年三月
●きだ みのる『気違い部落周游紀行』吾妻書房、一九四八年四月
●きだ みのる『日本文化の根底に潜むもの』大日本雄弁会講談社、一九五六年一二月
●きだ みのる『にっぽん部落』岩波新書、一九六七年二月
●きだ みのる『気違い部落から日本を見れば』徳間書店、一九六七年九月
●きだ みのる『きだ みのる自選集（第四巻）』読売新聞社、一九七一年六月
●鯨井千佐登「制裁の儀礼」『季刊東北学』第三号、二〇〇五年五月
●小池 新「『八つ墓村』のモデルになった『津山三十人殺し』」文春オンライン、二〇二〇年六月二一日、九月一三日
●小池 新「選挙不正を起こした〝日本一の非文化村〟の『村八分事件』」文春オンライン、二〇二一年六月二〇日
●礫川全次『アウトローの近代史』平凡社新書、二〇〇八年一月
●礫川全次「いじめ論序説」礫川全次・田村勇共編著『いじめと民俗学』批評社、一九九四年一一月
●礫川全次『日本人はいつから働きすぎになったのか』平凡社新書、二〇一四年八月
●後藤総一郎「村共同体の政治的構成」『伝統と現代』第四三号〈共同体論〉、一九七七年一月
●小松和彦「村はちぶをめぐるフォークロア――排除の民俗の事例として」小松和彦『悪霊論』青土社、一九八九年一〇月（初出は一九八七年）
●五来 重「北陸門徒の関東移民」『史林』第三三巻第六号、一九五〇年一一月
●坂井誠一「常陸国稲田西念寺の入百姓資料」『地方史研究』第一二巻第六号、一九六二年一二月
●坂倉昇平『大人のいじめ』講談社現代新書、二〇二一年一一月
●坂本秀夫『生徒懲戒の研究』学陽書房、一九八二年一〇月
●桜田勝徳「仲間はづし」『ドルメン』第三巻第五号、一九三四年五月
●佐々井信太郎『二宮尊徳伝』日本評論社、一九三五年六月
●佐々井典比古『尊徳の裾野』有隣堂、一九九八年一〇月
●笹澤魯羊『宇曽利百話』下北郷土会、一九五三年七月
●佐藤幸治「『部分社会』論について」『判例タイムズ』第四五五号、一九八二年二月一日

●守随一「村ハチブ」柳田國男編『山村生活の研究』民間伝承の会、一九三七年一月
●新藤謙『きだみのる』リブロポート、一九八八年一一月
●杉原良枝『心境部落――村八分から共同生活二十五年』春秋社、一九六二年六月
●鈴木嘉一『隣組と常会――常会運営の基礎知識』誠文堂新光社、一九四〇年一二月
●関秀忠「オリンパス内部通報事件控訴審判決に学ぶ（東京高等裁判所平成23年8月31日判決）」https://www.integrex.jp/business/hotpress/data/compla_0009.pdf、二〇一二年四月二八日
●田岡香逸「村八分と追放について」『地方史研究』第一二号、一九五四年四月
●武井正臣・熊谷開作・神谷力・山中永之佑『日本近代法と「村」の解体』法律文化社、一九六五年二月
●竹内慎一郎『北陸農民の関東東北移民』入善町文化会、一九六二年一二月
●竹内利美「「かげぐち」の考察」『科野雑記』第二号、一九三八年五月（竹内利美編『信州の村落生活（中）』名著出版、一九七六年八月）
●竹内利美「村の制裁」『社会経済史学』第八巻第六号・第七号、一九三八年九月・一〇月（竹内利美編『信州の村落生活（中）』名著出版、一九七六年八月）
●竹内利美「村落共同体　序」谷川健一ほか編『日本庶民生活史料集成』第二一巻、三一書房、一九七九年一二月
●竹内利美「若者条目集（徳川時代）解題」谷川健一ほか編『日本庶民生活史料集成』第二一巻、三一書房、一九七九年一二月
●竹内利美「初期研究の発足点――『郷土調査要目・民族』」柿崎京一ほか編『有賀喜左衛門研究――人間・思想・学問』御茶の水書房、一九八八年八月
●竹内利美『村落社会と協同慣行』〔竹内利美著作集1〕名著出版、一九九〇年九月
●田中圭一『百姓の江戸時代』ちくま新書、二〇〇〇年一一月
●谷川健一「解説」中村吉治『日本の村落共同体』ジャパン・パブリッシャーズ、一九七七年一二月
●谷川健一「進歩という迷信から解放」『毎日新聞』一九九一年五月二七日
●玉城哲「ムラの構造と論理――集団の優越から個を基礎にした共同性へ」『現代の理論』第一四六号、一九七六年三月
●玉城哲『稲作文化と日本人』現代評論社、一八七八年七月
●田村勇「『村八分』とその心意伝承」礫川全次・田村勇・畠山篤『犯罪の民俗学』批評社、一九九三年五月
●塚本学「近世史研究と民俗学」『徳川林政史研究所研究紀要昭和五九年度』一九八五年三月
●月村敏行「共同体――私的領域から」『伝統と現代』第四三号〈共同体論〉、一九七七年一月
●手塚豊「国家的刑罰権と非国家的刑罰権――明治前期の場合に関する一未定稿」法制史学会編『刑罰と国家権力』創文社、一九六〇年四月

●東京市政調査会編（亀卦川 浩執筆）『自治五十年史 制度篇』良書普及会、一九四〇年一二月
●利谷信義「親と教師の懲戒権」『日本教育法学会年報』第四号〈地域住民と教育法の創造〉、一九七五年三月
●内藤朝雄「いじめ・全能感・世間」『人間と教育』第七号、一九九五年九月
●内藤朝雄『いじめの社会理論』柏書房、二〇〇一年七月
●内藤朝雄『〈いじめ学〉の時代』柏書房、二〇〇七年一一月
●中野清見『新しい村つくり』新評論社、一九五四年六月（農村新書、一九五五年三月）
●中野清見『回想 わが江刈村の農地解放』朝日新聞社、一九八九年一〇月
●中村吉治『日本の村落共同体』日本評論新社、一九五七年三月
●中村吉治「共同体の残存について」『伝統と現代』第四三号〈共同体論〉、一九七七年一月
●中村吉治『日本の村落共同体』ジャパン・パブリッシャーズ、一九七七年一二月
●中村吉治『日本の封建社会』校倉書房、一九七九年六月
●中村吉治『老閑堂追憶記』刀水書房、一九八八年七月
●中山太郎『日本若者史』春陽堂、一九三〇年七月
●中山太郎「江戸時代の農民階級と民俗」中山太郎『日本民俗学論考』一誠社、一九三三年一月（初出は一九三二年）
●中山太郎「民俗の改廃が生むだ特殊の犯罪」中山太郎『日本民俗学論考』一誠社、一九三三年一月（初出は一九三二年）
●西村精一『五人組制度新論』岩波書店、一九三八年三月
●野村兼太郎「江戸時代の村法」『歴史と生活』第七巻第一号、一九四四年二月（『随筆 文化建設』慶應出版社、一九四六年四月）
●箱山貴太郎「村の制裁を中心として」『蕗原』第三巻第四号、一九三六年一二月（竹内利美編『信州の村落生活（中）』名著出版、一九七六年八月）
●花房尚作『田舎はいやらしい』光文社新書、二〇二二年一月
●花見 忠『労使間における懲戒権の研究』勁草書房、一九五九年八月
●林 稲苗編著『「むら」の解体と再編成』有信堂、一九六七年九月
●樋口明雄『田舎暮らし毒本』光文社新書、二〇二一年九月
●樋口陽一「社会的権力と人権」芦部信喜ほか編『岩波講座基本法学6――権力』岩波書店、一九八三年八月
●福田アジオ「村の生活――村八分と噂話」『伝統と現代』第四三号〈共同体論〉、一九七七年一月
●福田アジオ『日本村落の民俗的構造』弘文堂、一九八二年三月
●古川貞雄『村の遊び日――休日と若者組の社会史』平凡社選書、一九八六年九月（『増補 村の遊び日――自治の源流を探る』農山漁村文化協会、二〇〇三年一〇月）
●祝 宮静「若者習俗における制裁とその本質――伊豆半島を中心として」名城大学法学会編『名城大学創立三十周年記念論文集 法学篇』法律文化社、一九七八年三月

●穂積重遠「村八分」『判例百話』日本評論社、一九三二年三月
●穂積陳重『五人組制度論』有斐閣、一九二一年九月
●前田正治「日本近世農村の法意識」『法と政治』（関西学院大学法政学会）第一巻第三・四合併号、一九五〇年九月
●前田正治『日本近世村法の研究』有斐閣、一九五〇年一一月
●前田正治「領主法上の刑罰権と村制裁権との関係」法制史学会編『刑罰と国家権力』創文社、一九六〇年四月
●松本健一・玉城 哲「共同体論の思想的課題」『伝統と現代』第四三号〈共同体論〉、一九七七年一月
●松本清張「闇に駆ける猟銃」『ミステリーの系譜』中公文庫、一九七五年二月（初出は一九六七年）
●松本友記「日向の村八分に就て」『民俗学』第三巻第七号、一九三一年七月（礫川全次ほか『犯罪の民俗学2』批評社、一九九六年五月）
●松好貞夫『村の記録』岩波新書、一九五六年八月
●水本邦彦『近世の郷村自治と行政』東京大学出版会、一九九三年一一月
●村田 亨『誰が読んでもよく判る 模範隣組と常会のやり方』清水書房、一九四一年一月
●最上孝敬「村ハチブ」柳田國男編『山村生活調査 第二回報告書』守随 一、一九三六年八月
●森 嘉兵衛「近世農業労働時間並に休日の統制」『社会経済史学』第一六巻第一号、一九五〇年四月
●柳田國男『日本農民史』刀江書院、一九三一年一二月（初出は一九二四年か）
●山中永之佑『日本近代国家の形成と村規約』木鐸社、一九七五年一月
●雪丸武彦「部分社会の法理の在学関係への適用に関する考察」『教育経営学研究紀要』（九州大学教育学部教育経営学研究室）第一〇巻、二〇〇七年五月
●若生 剛「市制及町村制の制定と『公民』の創出」『筑波社会科研究』第二二号、二〇〇二年二月
●和田 伝『農民生活の伝統』新潮社、一九四二年一二月

参考事例一覧（登場順）

あとがき

本書の執筆を始める前、まだ資料を集めていた段階だった。たまたま、カレル・ヴァン・ウォルフレンの『日本／権力構造の謎』上下（篠原勝訳、ハヤカワ文庫、一九九四）を再読してみた。そして、その下巻の二一一ページにあった、次の文章に目をとめた。

おどしは嫌悪されるどころか、社会・政治生活の必然的な側面として受け入れられている。不可避というわけは、社会秩序を保ち、権力者の力を保護するため、〈システム〉の特徴である非公式で法律によらない関係が非公式の威圧（つまりおどし）に頼る傾向を自然に生み出すからだ。高く評価される日本人の体制順応は大部分がおどしによって強いられるものだ。多くの学校で教師たちは、ごく最近非難を浴びるまで、生徒の弱い者いじめを奨励していた。管理者《アドミニストレーター》は法によって強制しうる規範よりもおどしの方を好み、統制維持に広くそれを用いる。

ずいぶん大胆なことを言うなあ、と思うと同時に、この視点は「今度の本」に使える、いや使わなくてはならない、と思った。

執筆を始めてから数週間後、古書店に注文しておいた宮武外骨の『私刑類纂』（半狂堂、一九二二）が届いた。以前、復刻版に目を通したことがあるが、原本を手にするのは初めてだった。その「自序」に、次のようにあった。かなづかいは、原文のまま。

古今内外いづれの国に於ても私刑は行はれ、文明国と称する欧米各国にても、私刑の行はれざる時なく、行はれざる所なし、リンチの虐殺行為を黙許せる亜米利加を私刑国と呼ぶ者多しと雖《いへど》も、いづれか私刑国ならざらん、現に我国にては鉱山及水電工事場に監獄部屋の存在を黙許し居るにあらずや、又昨今各地に跋扈《ばつこ》せる国粋会員は、政府が委任せる私刑目的の制裁機関なりと云ふにあらずや、……

ハッとした。指摘していることは、ウォルフレン氏と変わらないではないか。この瞬間、本書のキーワードが決まった。「黙許された私的制裁」である。

このキーワードを軸に、「近代日本における村八分」の実相を語り、その本質を論じてゆけば、これまでなかった「村八部論」になると確信した。休みなしで書き進め、三か月弱で脱稿した。出来ばえについては、読者諸賢の裁定をいただく以外ない。

本書執筆にあたっては、いろいろな方にお知恵をお借りしたが、とりわけ、宇佐市の村八分事件関係の資料をいただいた中津市の中山知康弁護士と『朝日新聞』の大畠正吾記者には、お名前をあげて感謝の意を表さなければならない。

また、本書執筆の機会を与えていただいた上に、執筆中、絶妙なタイミングで、激励とアドバイスをいただいた西口徹さんに対しても、この場を借りて、厚く御礼を申し上げます。

二〇二二年五月二〇日

礫川全次

＊この作品は書き下ろしです。

礫川全次

（こいしかわ・ぜんじ）

1949年、東京都生まれ。ノンフィクションライター、在野史家。主なフィールドは、近現代史、犯罪・特殊民俗学。著書は、『史疑　幻の家康論』『大津事件と明治天皇』『異端の民俗学』『知られざる福沢諭吉』『サンカ学入門』『サンカと説教強盗』『サンカと三角寛』『隠語の民俗学』『アウトローの近代史』『攘夷と憂国』『独学で歴史家になる方法』『日本人は本当に無宗教なのか』『独学文章術』など多数。

村八分

二〇二二年一〇月二〇日　初版印刷
二〇二二年一〇月三〇日　初版発行

著　者――礫川全次
発行者――小野寺優
発行所――株式会社河出書房新社
〒一五一-〇〇五一
東京都渋谷区千駄ヶ谷二-三二-二
電　話――〇三-三四〇四-一二〇一［営業］
〇三-三四〇四-八六一一［編集］
https://www.kawade.co.jp/
組　版――有限会社マーリンクレイン
印　刷――精文堂印刷株式会社
製　本――小泉製本株式会社

落丁本・乱丁本はお取り替えいたします。
本書のコピー、スキャン、デジタル化等の無断複製は著作権法上での例外を除き禁じられています。本書を代行業者等の第三者に依頼してスキャンやデジタル化することは、いかなる場合も著作権法違反となります。

ISBN978-4-309-22865-5
Printed in Japan